北京大学中美人文交流研究基地
Institute For China-US People-to-People Exchange, Peking University

中美人文交流系列丛书

衰败前的
美利坚帝国

AMERICAN
EMPIRE

BEFORE
the FALL

［美］布鲁斯·费恩　著
（Bruce Fein）

牟　舣　译

社会科学文献出版社
SOCIAL SCIENCES ACADEMIC PRESS (CHINA)

编委会

基地简介

为确保中美人文交流高层磋商机制健康、有序、持续发展，为机制发展提供有效的学术和智力支持，根据教育部的指示，2011年10月北京大学成立"中美人文交流研究基地"。基地依托北京大学深厚的人文底蕴，在学术研究、科研合作、文化交流等方面，推动中美两国间的人文交流，为在民间层面增进互信与友谊，消除偏见与误解，促进两国关系健康发展做出积极的贡献。基地建设的长期目标是立足中美两国文化传统，展开跨文化跨学科研究，建成中美人文社科及科学研究交流的学术重镇，同时着眼于中美两国人民交流，开展多层次多维度对话，成为中美人文交流的一个重要平台。

职能

（一）组织、开展对中美人文交流相关课题的研究工作。

（二）承担中美人文交流、民间外交与公共外交相关活动的组织、协调工作。

（三）承担政策咨询任务，组织专家学者为对美人文外交决策提供智力支持。

（四）发行或出版研究报告、学术论著和普及读物，促进中美文化的交流与理解。

（五）加强与相关机构、国内外媒体及与学术机构的合作，引导公众全面、准确、理性地认识中美关系以及人文交流的意义。

前　言

通过一番对世界历史和美国对外政策引人入胜的回顾，布鲁斯告诫我们不能收起全球野心的大国是不可能仙寿恒昌的。罗马帝国、大英殖民帝国和苏联都试图将影响力延伸至国土之外，但最终全都力不从心，败下阵来。

《衰败前的美利坚帝国》一书强调如果美国意欲保持世界上最强大的国家地位，我们不能继续这样为了给世界其他地方提供基础设施、管理和援助而借贷和支出了，这是在抵押我们下一代人的未来。

费恩也深刻地洞见到美国国会权力在行政上的衰微。长久以来，国会都没有履行宣战、支配政府财政支出、弹劾逾权的总统等责任。如今，美国政府以一些新的政府项目和津贴的方式扩大了对民众的控制，国会是时候反击了。如费恩所言："政府并非问题的解决之道，其本身正是最大的问题所在。"

最后，本书还审视了当代美国生活中的另一个方面：安全与自由之间的平衡。为保护自己免受伤害，我们是否愿意在公民个人自由上作出让步——在言论自由、正当法律程序、私有财产和隐私权上作出牺牲？关于这一问题的争论不会轻易消失。

我们何以既不用向不受约束的政府屈服，也保证不会受到国内外的各种威胁？

"被保护者"在以上两者之间必须做出什么样的取舍才能打动

"保护者"？历史的经验能告诉我们什么？作为一个民族，当我们的"自由"受到侵犯时，还真有"安全"可言吗？

费恩敏锐地指出："历史告诉人们国家从不会从历史中学习。"《衰败前的美利坚帝国》全面审视了历史上的世界大国所犯下的错误，为我们的国家避免重蹈覆辙提供了启示。

——国会议员沃尔特·B. 琼斯

2010 年 4 月 20 日

目　录

第一章　无缘无故的帝国 …………………………………………… 001

第二章　共和国凋敝几何？

　　　　——从列克星敦和康科德到卡林哥山谷 …………… 046

第三章　国家宪章文件 …………………………………………… 062

第四章　美国堕入帝国之渊

　　　　——从墨美战争到第二次世界大战 ………………… 078

第五章　美利坚帝国的双重迷思 ……………………………… 099

第六章　国家安全十字架之上的法治之殇 ………………… 119

第七章　美利坚帝国的三巨头

　　　　——小布什、切尼、奥巴马 ……………………… 147

第八章　对基辛格的再教育 …………………………………… 166

第九章　重建美利坚共和国 …………………………………… 187

致　谢 ………………………………………………………………… 194

第一章　无缘无故的帝国

于美利坚帝国而言，这是最好的时代；于美利坚共和国而言，这是最坏的时代。

你的家人、朋友、同事、国家选举任命的高层官员，还有你自己，都会激烈地反对这本书所要说明的事实。与美利坚共和国独立之初的革命信条和开国之父所设想的公民道德相比，你的职业会显得并不重要，也没什么不可一世的。你为美国是世界上唯一的超级大国感到自豪，本书会对此提出质疑。你本能地将国家安全或神圣的振兴与民主、人权的出口画上等号，本书将证明这是不可信的。你也像普罗大众一样以为美国就像一个雄踞全球的军事巨人并引以为傲，本书会完全颠覆这种正统观点。然而，你也不必惊慌，因为很多人都对接下来会看到的观点持有与你一样的怀疑态度。

作为美国的公民，我们从小就知道欣然接受美利坚帝国，却从未怀疑过它的前提，正如一个多世纪以前大英帝国的臣民那样，由衷地珍视和歌颂着不列颠帝国。帝国的正当性通常都是未经审视的，也是为掩盖一个不讨喜的事实：它们背后的驱动力都是一种为了支配而控制其他国家和民族的卑鄙、兽性的欲望。

备受赞誉的奥地利学者约瑟夫·熊彼特在1919年《帝国主义的社会学》中对帝国主义的描述可谓抓住了"帝国"的精髓：

> 在使用"帝国主义"一词时，无论是否发自真心，都暗含一种进攻性，这种进攻性并不是由短期追求的目标所决定的，它只能由每一次的成功重新煽动起来，"霸权""世界统治权"等类似的字眼反映出为了进攻而进攻。事实上，历史告诉我们，国家和阶级都是为了扩张而谋求扩张，为了打架而诉诸战争，为了获胜而争取胜利，为了支配而寻求统治权——这样的例证。将决心付诸某种行为的任何托词和当时看起来为之奋斗的目标都不能解释这种决心。我们所面对的是一种持续的倾向——不管具体的目标或时机是什么，急切地抓住每一次机会，这种倾向通过对当前目标的所有论述体现出来。当下得到的优势并不能成为重视征服的原因（何况这种优势通常都是令人怀疑的，甚至经常被粗心大意地丢弃），真正的原因在于征服、成功、行动本身……若要到达行动的阶段并且自我维护，纯粹为了扩张本身的扩张通常需要有具体的目标，但是这并不能构成扩张的意义。这样的扩张在某种程度上就是扩张的"目标"，事实上，它除了扩张本身就没有合适的目标……这种说法听起来似乎有些矛盾，但是无数的战争——或许是大部分的战争——都是在没有合适"理由"的情况下发动的……①

众多美"帝国"的特点证实了熊彼特的说法。

在美利坚共和国，法律即国王；在美利坚帝国，总统即法律。

　　"9·11"事件之后，小布什和奥巴马都要求总统享有无限制的权力，可以暗杀任何一个疑似对美国海外利益造成"持久的"和"迫在眉睫的"危险的美国人。②司法部向布什总统进言称，总统三军总司令的地位授权他在所谓对国际恐怖主义的"战争"中滥杀平民。③

　　奥巴马总统声称为列出的"黑名单"上的外国恐怖主义组织或特别指定的全球恐怖主义分子提供法律服务，代表他们来质疑这些名单或指定是否合乎宪法这一行为本身就是联邦重罪，也就是说，坚称没有危害国家安全居然是一种罪行！俄罗斯之所以被谴责为暴政，部分原因就在于他们惩罚提供法律代表的律师。不过，战后纽伦堡司法案件中的纳粹律师在 1942 年 5 月 21 日的法院判决中的确被指控为共犯，称"按 1941 年 12 月 4 日波兰的刑法规定，代理人无权在涉案的远东地区特别法庭上为波兰人进行辩护"。从法律史的意义上讲，美利坚帝国的正当法律程序已经回到了 1215 年英国《大宪章》以前的原始状态。

　　任何号称是打击国际恐怖主义的行为都变得合法了，布什总统的幕僚告诉他的是，如果总统不受法律约束的行为是为了帮助挫败伊斯兰圣战者，那么他作为三军总司令，完全可以逾越国会的任何限制，包括对酷刑、绑架，甚至谋杀的明令禁止。

　　人们对政府的无法无天已是司空见惯。2002～2006 年，联邦调查局知法违法，通过借助伪造的恐怖主义突发事件或不顾美国电子通信隐私法，劝说通信公司与之合作，收集到 2 000 多份美国电话通信记录，却没有一个特工受到处罚。

　　布什总统及其国家安全决策圈在五年多的时间里，没有司法授权就在美国本土截取美国公民的电话和电子邮件，罔顾外国情报监听法的禁令，却没有受到任何的犯罪调查。同样，也没有人起诉水刑这样的酷刑。而为这种罪行编造法律正当性依据的律师、参与残酷审问的医生和给他们授权的政府官员也都没有受到任何处罚。

财政部前部长亨利·鲍尔森曾誓言支持和捍卫宪法，却夸耀称在没有一丁点儿法律授权的前提下，他将纳税人的几十亿美元撒向了衰落的金融机构，也没有受到什么不良影响。④

奥巴马总统算是继承了布什－切尼的双人执政政治对国家安全的指令，并没有做出多大改善，人们对救世主的期望再一次落空。

在2010年诺贝尔和平奖的获奖演说中，奥巴马自夸美利坚帝国在60年里维护了世界和平，吹嘘自己无限制的权力——让人联想起不列颠的国王——可以单凭他一人之见，假托保卫美国或是人道主义的目的发起战争。奥巴马总统强调："和其他国家的首脑一样，为保卫我的国家，我保留在必要时采取单边行动的权力。"⑤与此同时，他单方面地扩大了美国在阿富汗和巴基斯坦的战争，而战争的对象是那些对美国国家主权并无威胁的民族。

在2010年3月激烈的选举之后，伊拉克内战和国家分裂已经若隐若现，而10万多名美军还在那里作战。中东地区的稳定寄希望于美国在那里无限期的军事存在。

后"9·11"时代长年的打击国际恐怖主义的全球战争热度未减，美国要求享有可以侵犯他国主权的独一无二的法律权力，即以逮捕或谋杀基地组织嫌犯为由随意使用无人机、导弹攻击或派遣步兵。

　　一位可能是在也门变得激进穆斯林年轻人企图在圣诞节炸掉一架民用飞机，行动失败以后，美国的武器、资金、特种部队、军事参谋、职业的国家建设官员都全副武装准备干预。国务卿希拉里·克林顿担心："也门的动荡将会威胁到地区，甚至是全球的稳定。"⑥参议院国土安全委员会的主席乔·利伯曼（Joe Lieberman）（康涅狄格州独立议员）宣称此次事件是一种战争行为，需要以军事行动而非法律行动来处理，正如与"二战"中的德国纳粹空军或日本昭和天皇的零式战斗机作战一样。他极力主张将这个差点成为人体炸弹的 23 岁年轻人阿卜杜勒穆塔拉布（Umar Farouk Abdulmutullab）作为战犯，并向军事委员会提起诉讼，剥夺其享有正当法律程序的权利。⑦

　　也门被美利坚帝国侵入之后，接下来便轮到索马里——因为索马里的恐怖主义组织青年党与在阿拉伯半岛的基地组织相互勾结。战争就这样不可避免地扩散到任何一个恐怖主义分子可能存在的地方。

　　帝国的倡导者们错误地认为如果对恐怖分子嫌犯提起刑事诉讼，辩护律师一定会建议他们保持沉默，这对于获取关键情报是很不利的。"9·11"以来和恐怖分子相关的 200 多份判决中，刑事辩护人已经会以提供反恐情报的方式来换取宽恕或其他。2009 年 11 月，明尼阿波利斯市的联邦检察官对 8 个索马里人提起刑事诉讼，指控他们充当招募人的角色，将双子星城⑧的帮会青年送到非洲做人体炸弹。该案件得以立案就是得益于和当局暗中合作的嫌疑人。

　　一位芝加哥的嫌疑人在奥海尔国际机场被拘留后，道出了 2008 年密谋袭击孟买的宾馆、某个火车站和一个犹太文化中心的全新细节。大卫·黑德利（David Coleman Headley）已经承认参与密谋的罪行，正在配合检察官的工作。

布莱恩特·梵尼斯（Bryant Neal Vinas），在皈依伊斯兰教之前是纽约的一名运输工人，他帮助美国和比利时的执法部门更深入地了解了基地组织的训练营，法庭公文显示，他还在欧洲法庭出庭做证指认同期的训练成员。

为了能减轻罪行和惩罚而开口坦白的动机是巨大的。尽管收到了米兰达警告^⑨并保留了律师，穆塔拉布仍然继续与联邦调查局合作。

小国如丹麦，其国防预算只是五角大楼预算的小数点后面几位数而已，却不像美国那样容易草木皆兵。2010 年 1 月 1 日，一位索马里的穆斯林为复仇企图暗杀艺术家韦斯特高（Kurt Wester-gaard），因后者在 2005 年的一部动画片中将先知穆罕默德描绘成恐怖分子的形象。这样的描绘早前更是激起了穆斯林用燃烧弹进攻丹麦使馆，并引发了其他三起激进伊斯兰密谋杀害丹麦漫画家的事件。丹麦的情报主管人员称这起暗杀事件"和恐怖主义有关"，青年党可能脱不了干系。^⑩丹麦总理称恐怖主义是"对我们的开放社会与民主的攻击"。^⑪然而，丹麦却没有对恐怖主义或是青年党宣战，也并没有将差点成为暗杀者的穆斯林判为战争犯或是将他送交军事委员会进行审判。丹麦政府按照常规的正当法律程序，将被告逮捕，以谋杀未遂罪上诉到民事法庭。相反，若是风声鹤唳的美利坚帝国遇到这种情形，一定会谴责这种谋杀罪行，将其定义为战争行为，须移交军事法庭进行裁决。

惊恐与庞大的花销促使奥巴马政府放弃了对"9·11"恶行主谋哈立德·谢赫·穆罕默德（Khalid Sheik Mohammed）的联邦

刑事起诉。

美国从未像今天这样安全，几乎没有什么能威胁她的生存。然而美国人心里的恐惧却如滔滔洪水，主流媒体描绘的那些引发恐惧的故事就如涓涓细流般浸润着美国人。就像斯科特·谢恩（Scott Shane）在《纽约时报》上所指出的：

> 由于近几个月来，针对美国的恐怖主义阴谋越来越多，政客们和媒体便为美国人民敲响了警钟，传递出一个摄人心魄的信息：恐惧吧！基地组织正卷土重来，里应外合地对付美国，而倒霉的政府没法保护你。但是这种政治上紧张的叫嚣却是将五花八门的案件混为一谈，而且模糊了这样一个事实——2009 年美国本土的那些敌人是分散的、无组织、无协调的一群业余人士，他们表现出来的更多的是一种宗教热诚，而非娴熟的恐怖技巧。近 14000 个美国谋杀犯里只有 14 个是获罪于所谓圣战袭击的：其中 13 人已经于 11 月份在德克萨斯州胡德堡军事基地被枪决，另一人也于 6 月份在阿肯色州小石城的一个新兵招募站被击毙。[12]

相比之下，2007 年，弗吉尼亚理工大学一位精神失常的学生就杀害了 21 人。

美利坚帝国的夸张证实了道格拉斯·麦克阿瑟将军对"二战"后的观察："我们的经济正在走向军工经济，其社会背景是人为的战争臆想所引发的精神紧张以及无尽的对恐惧的宣传。"[13]花言巧语的领导者们长期利用恐惧来蛊惑人心，使大众接受任何冠以安全名义的事情。门肯[14]（H. L. Mencken）在 1918 年说："事实上，文明已变得越来越脆弱和歇斯底里，尤其是在民主制下，它往往堕落成各种狂热流行之间的格斗；权术政治的所有目的就是用一系列无穷无尽的牛鬼蛇神来为民众制造恐慌（接着便成为一群吵着嚷着要求为他们带来安全的大众），当然，大部分的牛鬼蛇神都是虚构的罢了。"⑮

开国之父们若见到今日的美利坚帝国，该会心惊胆寒吧！他们建立的是一个批判圣战、反对常年战事、拒绝在实质上神化总统的美利坚共和国。为了战胜一个军事触角遍布全球、行政机关不受约束、保密性强大以及政府监管或保护主义无所不在的不列颠帝国，国父们奉献了自己的生命、财产和神圣的荣誉。托马斯·杰弗逊总统在第一次就职演说中宣告："同所有国家和平相处、通商往来、友诚相待，但不与任何国家结盟。"⑯格罗弗·克利夫兰总统详细阐释了自制宪先辈们传承下来的美国对外政策：

> 和平之策方才符合我们的利益，（我们需要）中立的政策——不参与其他国家的纠纷，拒绝在其他大陆分一杯羹的野心，并击退对我们领土的入侵，（我们需要）门罗的政策、华盛顿和杰弗逊的政策……⑰

开国之父精雕细琢的成果已然灰飞烟灭。不论政治派别的差异，大多数的美国人都不假思索地认为美国就应该将触角延伸至全球的每个角落，通过保障世界稳定、孕育新的民主政权来支撑国家安全和自由。2009 年 12 月 1 日，奥巴马总统在西点军校的演讲中强调，美国一直并将继续为子孙后代的光明未来而战斗，而他们的未来正是仰仗着其他人也能生活在自由和机会之中。换句话说，美国必须对暴政世界进行大清洗，同时阻止像俄罗斯从鲍里斯·叶利钦到弗拉基米尔·普京那样的倒退，因为美国人的自由意味着整个地球都需要自由！

　　这样一种道德信念部分源自于帝国的自以为是。德怀特·戴维·艾森豪威尔总统这样说道："美国之所以伟大，是因为她本身就很高尚，如果哪一天美国不再高尚，她也就不复伟大。"⑱

　　这种道德感与国家安全的狂热鼓舞着帝国，美利坚以在世界上 135 个国家派遣 400000 多名驻军的方式耀武扬威。数万人在国土之外保卫着韩国、日本、欧洲、阿富汗、伊拉克、沙特阿拉伯等国家和地区的利益与民众。美国的士兵甘冒风险、拼尽全力，却不是在保护我们自己和子孙后代自由的福祉，而是在保护那些没有为美国缴税也并不是效忠美国的外国人。德国的智者——理性的俾斯麦首相深谙此道，才不会为了征服世界而用德国士兵的生命做赌注，在他看来，"巴尔干半岛根本不值得任何一个波美尼亚士兵为其抛头颅洒热血。"⑲反观美利坚帝国，却在不涉及任何美国自由或主权的情形下，在 1995 年和 1998 年分别对波斯尼亚与塞尔维亚科索沃进行了军事干预，而十多年以后，波斯尼亚和科索沃仍然维持着事实上的种族分裂。

　　北约协议的第五条款——也是美国帝国心态的产物——荒谬地让美国承担其他 27 个成员国的防御义务，其中包括波兰、捷克、斯洛伐克、匈牙利、阿尔巴尼亚、克罗地亚、立陶宛、拉脱维亚和爱沙尼亚。但是要保卫美国的国家主权或人民的自由，与北约任何一个成员国的联盟都不是必需的，倘若每个北约成员国都被某个外部的对头征服了，也不会危及美国。

　　不过假设俄罗斯要像 1956 年那样入侵匈牙利，或是 1969 年那样入侵捷克和斯洛伐克，美国就会处于战争状态了。美国的士兵会整装待发，为匈牙利人、捷克人和斯洛伐克人贡献自己的生命。如果国际恐怖分子对法国、意大利或是保加利亚发起一系列的攻击，美国也得卷入战争来保卫它们，就正如美国援引第五条款坚持要求北约成员国在"9·11"之后打击基地组织的行动上进行军事协助一样。

1949年北约的成立是为了在冷战中对抗苏联，不过苏联现在已经分崩离析了。当时的情形是苏联违反雅尔塔协定对东欧和中欧形成了事实上的控制，而且还封锁了柏林，阻断了盟国通往西柏林的陆上通道。美国担心苏联的势力向西欧蔓延，也不愿看到西欧因缺乏防御协定而被"芬兰化"。不过即便这些担忧都成为现实，美国的主权和繁荣也不会受到威胁。1949年，美国享有对核武器的垄断，更是当时世界上最富有的国家。美国的经济只有一小部分依赖于对外贸易。苏联方面，军人和平民的战时伤亡数字超过2300万人，而美国是418 000人。没有什么国家威胁说要攻击美国，也没有国家有这么做的能力。即便有国家有这个能力，美国也不会需要其他任何国家的帮助来保卫自己。而今天情况就更是如此。

在可预见的未来，有些在第五条款保护伞下的国家可能会振振有词地卷入与非北约成员国的战争，也将美国牵扯进去。俄罗斯可能进攻爱沙尼亚、拉脱维亚和立陶宛。这三个国家的人口中有大量的俄罗斯族群，他们认同俄罗斯的语言、文化和战争记忆。这三个波罗的海国家中俄罗斯族人对国家的忠诚是值得怀疑的，1940年，它们被苏联吞并，直到1991年苏联解体才独立出来，俄罗斯的最后一批驻军直到1994年才完全撤出。爱沙尼亚30%以上的人口是俄罗斯族人，拉脱维亚的比例是34%，立陶宛的俄罗斯族人比例只占6.3%。1994年，苏联指责拉脱维亚和爱沙尼亚虐待国内俄罗斯少数族裔，立陶宛拒绝承认俄罗斯向飞地加里宁格勒进行军事运输的合法权利，为了惩罚三国的行为，苏联采取了经济封锁的手段，对波罗的海的进口商品征收禁止性关税，提高了俄罗斯的燃料和其他必需品的价格。2007 年 5 月，爱沙尼亚遭遇了来自俄境内的大规模网络攻击，俄罗斯却对此视而不见。这些行为促使三国通过与西方发展更紧密的关系来努力减少自身地缘政治和经济上的脆弱性。接下来的几十年，俄罗斯与一个或多个波罗的海国家发生冲突的可能性不容小觑，而第五条款意味着美国不得不采取军事介入的手段来保卫波罗的海各国，虽然它们与美国的安全并无关系。

如果它们再度被俄罗斯吞并，也不会对美国造成更大的威胁。在冷战期间或被苏联吞并后的早期，在美苏两个超级大国相互威慑或确保互相毁灭的竞争策略中，爱沙尼亚、拉脱维亚和立陶宛本是无足轻重的。三者的人口总数分别为 130 万、220 万、330 万。从军事角度讲，它们是无关紧要的。这几个国家具有高度的民族自尊心，也是宣布从苏联独立出来的国家中的领导者。俄罗斯若想施行军事占领必将遭到反抗，而且定是耗资巨大的，接踵而至的冲突又会削弱俄罗斯与美国军事对抗的能力。

尽管在美国国家安全的蓝图上，阿尔巴尼亚微不足道，它却有可能被卷入塞尔维亚或马其顿发起的战争。如果塞尔维亚吞并了在科索沃土地上的塞尔维亚分离派的飞地，科索沃可能会向阿尔巴尼亚求助；如果马其顿当局的苛政更加令人难以忍受，马其顿的阿尔巴尼亚人同样可能会请求阿尔巴尼亚的拯救。

美国正在敦促北约接受格鲁吉亚和乌克兰，两国都有与俄罗斯交战的危险。2008 年，俄罗斯为脱离中央的南奥塞梯地区与格鲁吉亚交火。此前，俄罗斯正式承认过南奥塞梯和阿布哈兹脱离格鲁吉亚获得独立。俄罗斯在格鲁吉亚驻军违反了此前一年就南奥塞梯问题达成的停火协议，它甚至在阿布哈兹建立了一个军事基地。格鲁吉亚那反复无常的总统米哈伊尔·萨卡什维利（Mikhail Saakashvili）可能会利用北约的成员身份挑起与俄罗斯的战争。米哈伊尔很有可能是南奥塞梯冲突的肇事者，他可以借此加速格鲁吉亚加入北约的进展。不过话说回来，俄罗斯若征服了格鲁吉亚也不会加剧它对美国国家安全的威胁，因为格鲁吉亚人会时常想起俄罗斯在车臣所陷入的泥潭，焦躁不安的他们会捆住俄军的手脚，同样也会令俄罗斯消耗巨大的国资。

乌克兰与俄罗斯的关系历史上就很紧张，尽管2010年选举的总统亚努科维奇（Viktor Yanukovych）向俄罗斯示好，两者之间还是很可能爆发武装冲突。聚集在东部的俄罗斯族人占乌克兰人口的17.3%，乌克兰东西部在政治上存在很深的裂痕，这种巨大差异表现在对俄罗斯租借黑海边的塞瓦斯托波尔作为海军出海港一事上的积怨（2017年租借期满）。[20]为什么美国的军事力量要被第五条款所束缚去保护乌克兰不被俄罗斯占领？俄罗斯是否占领乌克兰都不会威胁到美国的主权或美国人民的自由。美国仅仅是盘算着——更别提鼓励了——让北约接受乌克兰作为成员国，就恰恰显示了美利坚帝国想要统治世界的天性。

如果克罗地亚因为边境争端被塞尔维亚进攻，或是被作为塞尔维亚盟友的俄罗斯攻击，美国就去保护它，那么美国这样做的国家安全意义何在？若克罗地亚被任一方吞并，这对于美国人的自由、安全和幸福的影响是微乎其微的。而克罗地亚也不会对美国威慑或反击敌手有任何帮助。俄罗斯吞并了克罗地亚就会变成对美国更大的威胁这种说法简直就是荒谬至极。就正如阿富汗人抵抗苏联 1979 年的入侵、车臣人在第一次和第二次车臣战争中反抗俄军一样，克罗地亚人也会抵制俄罗斯军队，俄罗斯军队会被被激怒的克罗地亚人折磨得疲惫不堪。毕竟二战中，在乌斯塔莎组织的领导下，罗马天主教的克罗地亚人是作为独立的法西斯国家与东正教的塞尔维亚人和苏联军队对抗的。

俄罗斯在第二次车臣战争中遭遇到的反抗预示着俄罗斯在克罗地亚可能的境遇。即便胜利之后，数以万计的俄军还是在车臣驻扎了许多年以保障安全。车臣就是一个经济上的大包袱，只有 5% 的预算来自本土，其他的都依靠莫斯科。俄罗斯对车臣的补助每年高达 10 亿美元。因此，若俄罗斯占领了克罗地亚，反倒可能削弱（而不是增强）它对美国的威胁。

按照北约条约的第五条款，美国还肩负着对韩国和日本的防卫义务，但这两个国家也与保护美国主权或国民的个人自由毫无瓜葛。

其他国家都巴不得美国出钱出力来保护它们，不过正如奥巴马总统在 2009 年 12 月 1 日西点军校的演讲中所言：“在过去的六十多年中，美国一直在为全球安全作担保，比其他任何一个国家都做得多……”[21]

先发制人的战争和独霸全球已然成为美利坚帝国的固有特征。时任国防部副部长的保罗·沃尔福威茨（Paul Wolfowitz）签署的一份 1992 年国防部草案文件就明确支持在后冷战时代“为阻止新的竞争对手的再次出现”[22]，可以使用武力。1997 年，保守主义人士威廉·克利斯托（William Kristol）和罗伯特·卡根（Robert Kagan）创立了一个位于华盛顿的智库机构，“新美国世纪计划"（PNAC）。这个智囊团吸引了沃尔福威茨、后来任副总统的迪克·切尼、后来任国防部部长的唐纳德·拉姆斯菲尔德（Donald Rumsfeld）以及国防政策咨询委员会后来的成员里查德·珀尔（Richard Perle）。该机构提出对"孤立主义冲动"和缺乏对美国的世界角色的战略远见的担忧，吹嘘道：

> ……我们无法安然避开全球领导者的责任或与之相关的代价。在保障欧洲、亚洲和中东的和平安全问题上，美国当仁不让。如果我们逃避责任，只会对我们的根本利益带来挑战……

> ［1］我们必须大幅增加国防开支，这是我们今天履行全球责任和明天实现军事力量的现代化必不可少的条件；［2］我们必须加强与民主制盟友之间的关系，同时叫板对我们的利益和价值观怀有敌意的政权；［3］我们必须在国外推广政治和经济自由的事业；［4］我们必须接受与美国独一无二的全球角色相对应的责任，维护和扩大一个有利于我们的安全、繁荣和原则的国际秩序。[23]

该机构 2000 年的一份文件在对全局战略的分析中，主张美国对以政权更迭为主要特征（如伊拉克）的波斯湾地区进行军事控制，将美国在国外的军队称为"美国新边疆的部队"[24]，《纽约时报》畅销书作家威廉·皮特（William Rivers Pitt）恰如其分地指出了该机构的勃勃野心："美国世纪计划尤其渴望和要求的不过是一件事：建立一个所有国家都屈从的美利坚帝国。"[25]

PNAC 对全球军事足迹和主导权大唱赞歌并非偶然，它反映了美利坚帝国的政治文化。"9·11"事件发生两天之后，国防部长沃尔福威茨解释说反恐战争将包含"铲除恐怖主义的避难所、推翻支持恐怖主义的体制、剿灭赞助恐怖主义的国家"（例如叙利亚、利比亚、古巴、苏丹、伊拉克和伊朗）。[26] 2002 年 6 月 1 日，小布什总统赞扬先发制人的战争就是美利坚帝国的基石："为了我们的安全，所有的美国人都应该放眼未来、坚决果敢，时刻准备好在必要时先发制人来保卫我们的自由和生命。"[27]

布什 - 切尼政府的野心日益膨胀，利用先发制人的战争来反恐的这一头等大事得到了自由主义者和保守主义者的一致拥护，瞧瞧奥巴马总统诺贝尔和平奖的获奖演说，瞧瞧阿富汗战争蔓延升级到巴基斯坦，再瞧瞧美国对也门和伊朗的威胁姿态，便可略知一二。

美利坚帝国每年的国家安全军事预算，包括情报系统和能源部门的核武器项目，已经接近 1 万亿美元，这个数字远远超过军费排名在美国之后的 25 个国家年度军事开支的总和。不出所料的是，在其他国内计划的开支都被冻结的情况下，奥巴马总统果然让国防部逃过了此劫。威胁美国主权的外部力量在消失，美国的军事开支却兀自上涨。

作为一个直到 1991 年还以苏联的身份与美国竞争的对手，俄罗斯的国防预算已经日益缩减到五角大楼国防预算的极小部分。它不是一个危及我们存在的威胁，甚至部分的威胁都没有。美国的安全并不依靠确保互相毁灭。俄罗斯的军队只是苏联红军的一个影子。它的军队还在为打败车臣、达吉斯坦和印古什那里相对落后的伊斯兰势力而苦苦挣扎。发生在北奥塞梯阿兰共和国别斯兰市一所学校的恐怖主义屠杀事件（其中 1 000 多人死亡或受伤），正显示出伊斯兰分离势力仍是俄罗斯的心腹大患。2008 年俄格冲突期间，美国船只并没有受到俄海军的阻拦，安然无恙地驶过黑海，为格鲁吉亚人提供民用援助。俄罗斯的人口正快速降至 1 亿左右，其人口平均寿命也下降到 67 岁——甚至低于伊拉克。

俄罗斯一向与中国在乌苏里河边界问题上龃龉不断，同日本之间则有千岛群岛问题的隔阂。一方面能源价格暴跌，另一方面，俄罗斯不受法律制约的国情臭名远扬，吓跑了国外的投资商，都导致俄罗斯依赖于石油和天然气的经济逐渐萎缩。

约翰·麦卡恩议员（John McCain）在 2008 年参加总统选举的活动中劝勉公众称"此刻我们都是格鲁吉亚人"，荒唐地将俄罗斯的军事威胁扩大了千倍，简直就像唐·吉诃德大战风车。[28]这位从前的战俘本意是想效仿 1963 年 6 月 26 日约翰·肯尼迪总统在柏林演说的飞扬文采："两千年前，最自豪的夸耀是'我是罗马公民'。在自由世界的今天，最自豪的夸耀是'我是柏林人'。"[29]然而，麦卡恩的类比却没有这种效果，也不能令人信服。

和西柏林相比，格鲁吉亚的民主资历会黯然失色。刚愎自用的总统米哈伊尔·萨卡什维利发起了——或者说招致了——这场冲突。与 1963 年东柏林咄咄逼人的苏联红军相比，俄罗斯的武装力量并未构成对西欧——更别提美国——的威胁。

麦卡恩"灭顶之灾"的荒唐说法没有沦为同侪、媒体和美国公众的笑柄。因为毕竟还有时任参议院外交关系委员会主席的约瑟夫·拜登（Joseph Biden）（民主党/特拉华州）和副总统迪克·切尼火速前往事发地区，慷慨地向格鲁吉亚承诺美国会给予的军事和经济支持。和麦卡恩一样，他们愚昧地坚持认为从俄罗斯的魔爪之下拯救格鲁吉亚半威权性质的政府对于美国的主权和自由而言是绝不可少的。

美国对俄罗斯－南奥塞梯－格鲁吉亚之间的这场角逐如此亢奋紧张，恰恰展现了美利坚帝国的心花怒放。夸大国外的威胁，让人民从骨子里感到恐慌，进而赞颂遍布全球的军事足迹，放弃他们的公民自由，迁就秘密的政府而不要求政府透明，赋予总统至高无上的军事和经济权力：对绝对安全和支配他人的幼稚满足的徒劳追求造成了这些对美利坚共和国的亵渎。

宪法与人权法案之父杰姆斯·麦迪逊（James Madison）在两个世纪之前便先知般地警告过："抵御外敌的手段已变成了国内独裁的工具。"[30]但是和法国的波旁皇族一样，美利坚帝国什么都记得却什么都没学到。

帝国心态回避了这样的疑问，即军事统治世界是否就能增强国家安全？盛行的正统观念就是毋庸置疑的绝对真理，却对那些显而易见的事情视若无睹：不分青红皂白地打压或除掉每一个可想到的潜在威胁会制造新的敌人，也是在浪费应该被专门用来保护美国人民的军事资源，更会严重削弱美国的法治。对外部冲突保持中立和超然的思想与行动系华盛顿总统告别演说之主旨，却已经在公众话语中遁迹许久。

在共和国的黄金岁月，英法交战时华盛顿总统在1793年宣布美国中立，1809～1829年，中美洲和南美洲国家反抗西班牙和葡萄牙之际，美国仍谨慎地保持着中立。

相比之下，美利坚帝国小题大做地捏造国家安全的隐患来为对外干涉正名，不过是出于对权力的病态痴迷和安全的幻象。事无巨细总能吸引美国去干涉，或者至少吸引着美国的军事注意。俄乌之间就天然气价格或黑海出海港塞瓦斯托波尔之间的区区冲突、乌干达的反叛组织圣主抵抗军、达尔富尔的大规模杀戮、塞尔维亚境内的科索沃阿尔巴尼亚人的命运、缅甸克伦族人的未来、马里和毛里塔尼亚的一小撮基地组织的青年追随者、尼泊尔的毛派恐怖主义、索马里长达二十年的无政府状态和青年党恐怖组织、菲律宾的恐怖组织阿布沙耶夫、厄立特里亚和埃塞俄比亚之间的边界争端、艾滋病、苏丹的反人权罪行、全球变暖可能引发的孟加拉国难民危机，所有这些现在都被指定为国家安全威胁。

阿富汗战争、伊拉克战争和全球反恐战争都是选择的战争，美国士兵为之牺牲了自己的生命和健康，带来的结果却是一个不那么安全的美国和不那么自由的国民。

这些战争派遣数万人的部队去国外毫无目的地战斗。起初美国士兵被派往阿富汗是为了快速除掉塔利班，并帮助阿富汗那原始的宗派部落家长制文化转变为繁荣的现世民主社会。考虑到阿富汗的社会现实——总统哈米德·卡尔扎伊（Hamid Karzai）合谋选票欺诈，无所不在的腐败，包括其弟参与毒品走私，与战犯结盟，放任鸦片生产急剧增长，法律将女性作为私人财产，外加一种对言论自由、宗教自由、结社自由和正当法律程序充满敌意的部落族群式的宗教政治文化，可以预见到这一乌托邦式的目标终会落空。除了说"等我们看到的时候就知道了"，总统和国会已经不知道在阿富汗的胜利究竟意味着什么了。

而伊拉克战争的最初起因是根本不存在的大规模杀伤性武器，之后被美化成为民主而战，为将伊拉克从萨达姆·侯赛因（Saddam Hussein）的专制暴虐中拯救出来。目前，奥巴马总统无法说清楚美国在伊拉克的军事目的，就像为何在韩国、日本或德国驻军一样，正说明美军的在这些地区存在的目的是含混不清的。同时，美国已经为在伊拉克的军事行动和相关防卫支出上花费了 1 万亿美元，而且还得再花 2 万亿美元偿还战争债务、补充军事设备、为美国退伍军人提供医疗保健。③近几十年，退伍军人的残疾率会持续上升，因为很多人会需要对大脑和脊髓损伤进行无限期护理。士兵的压力已经造成了有记录以来的部队人员最高自杀率。

在葛底斯堡，亚伯拉罕·林肯（Abraham Lincoln）总统解释了能让所有人领会的内战的目的：

> 那些曾在这里战斗过的勇士们，活着的和去世的，已经把这块土地圣化了，这远不是我们微薄的力量所能增减的。我们今天在这里所说的话，全世界不大会注意，也不会长久地记住，但勇士们在这里所做过的事，全世界却永远不会忘记。毋宁说，倒是我们这些还活着的人，应该在这里把自己奉献于勇士们已经如此崇高地向前推进但尚未完成的事业。倒是我们应该在这里把自己奉献于仍然留在我们面前的伟大任务——我们要从这些光荣的死者身上汲取更多的献身精神，来完成他们已经彻底为之献身的事业；我们要在这里下定最大的决心，不让这些死者白白牺牲；我们要使国家在上帝福佑下得到自由的新生，要使这个民有、民治、民享的政府永世长存。②

不会再有第二个葛底斯堡演讲来告慰那些在阿富汗战死沙场的士兵们了。没有人能解释他们为什么曾经在那里或是还在那里战斗，除了他们必须服从指令这个理由。同在越战中的溃败一样，美国在阿富汗的失败中滋生了更多同样错误的战略，我们效仿大英帝国和苏联的糊涂行为：派遣更多的部队、投入更多的资金，还有教师填鸭式地灌输着军事指导下政治改革的紧迫性。伊拉克的情况也是一样。

美利坚帝国持久的反恐战争将全球（包括美国本土）视为战场，军事部署和法律可以运用在任何一个总统判定为基地组织嫌犯的人身上。集法官、陪审团、检举人、秘密证据和逼供于一体的军事委员会有权审判被控犯有新型战争罪（如密谋在恐怖主义训练营训练或是为国外恐怖主义组织提供物质援助）的被拘留者。奥萨姆·本·拉登（Osama Bin Laden）的司机曾被一个军事委员会起诉，而希特勒的司机都并没有在纽伦堡以战争罪名而被审判。美国公民阿里－巴鲁（Ali al－Bahlul）因给基地组织制作了一个招募视频而被起诉，然而美国宪法是保护这种言论自由的。对美国而言，为基地组织提供食物、教他们说英语或数数都是军事委员会有权惩罚的战争罪行，因为这些行为都是在帮助他们提高进行恐怖活动的能力。

敌方战斗人员，也就是和基地组织"有任何联系"的人不经指控和审判便被无限期拘留。仅仅是被要求在联邦法庭为这种对敌方战斗人员的定义辩护（甚至包括具有仅法官可见的机密证据的案子），总统都输掉了数量惊人的案件。被长期非法拘留的非美国公民的拘留期通常会无限延长，因为尽管他们有充足的理由害怕被遣送回国会遭受的迫害、折磨或是死亡，美国还是拒绝提供庇护。

国会通过了奥巴马签署的一项法令，禁止以所有关塔那摩的囚犯都犯有恐怖主义罪行的假设将他们——无论清白与否——转移到美国本土，《爱丽丝梦游仙境》"先行刑，后判决"的现实版本。㉝后来国会又授权允许转移，仅限在联邦民事法庭上被刑事起诉的犯人。不过如果他们被判无罪，就得被作为敌方战斗人员终身监禁在关塔那摩监狱。正面我赢，反面你输，这就是奥威尔专制世界的正义，统治者赢定了。

为了规避美国最高法院判定的关塔那摩拘留者仅有的宪法权利，还有一些恐怖分子嫌犯被关押在阿富汗的巴格兰监狱，按奥巴马政府的说法，在那里这些囚犯是不受美国法律保护的。㉞巴格兰监狱同苏联作家亚历山大·索尔仁尼琴（Alexander Solzhenitzen）描绘的古拉格群岛就是一丘之貉。

总统经常援引美利坚帝国的国家机密特权来庇护那些行政官员，他们都不用为明目张胆的违宪行为如折磨、绑架和非法监听承担责任。宪法性权利屈从于国家安全的癔病。用莎士比亚戏剧《裘力斯·凯撒》中马克·安东尼在政治动乱中所说的一句话："唉，理性啊！你已经遁入了野兽的心中，人们已经失去辨别是非的能力了。"㉟

美利坚帝国让秘密政府变为常态，而透明政府反而成了例外。在国家安全和国内事务上，人们都不知道行政机关在做什么以及为什么这么做。媒体披露之前，选民对美国折磨基地组织嫌疑人和阿布格莱布监狱恐怖的虐囚行为一无所知。直到2005年12月《纽约时报》公开报道，美国民众才知道小布什总统藐视外国情报监听法的禁令秘密进行的恐怖主义监听计划。由美国公民自由联盟提起的一项信息自由法案诉讼中，一项特别的国会法令授权奥巴马总统扣留了其中表现美国虐囚的公开照片。

总统和国会担心这些照片会激起对美国在国外军事力量的报复行为，迫使他们起诉这些违法犯罪的美国人。但是如果这些照片被刊登出来，这些犯罪的美国人也受到了惩罚，国外对美国及其军事力量的尊重其实会增加，而不是减少。法治会广受称赞，而双重标准必定遭众人唾弃。国内外许多人坚信美国的反恐战争不过是反对伊斯兰的借口——正是这种认知推动了基地组织的新人招募，公开照片和起诉罪犯会令这样的声音不攻自破。

在国内事务上，据说连奥巴马的社交秘书丹尼斯·罗杰斯（Denise Rogers）都受到宪法保障，不用就 2009 年 11 月 24 日的国宴上白宫的不速之客是如何避开特工机关的侦察一事为国会提供证词。而 20 世纪 90 年代，连特工机关都就克林顿总统与莫尼卡·莱温斯基幽会的事情为大陪审团做过证。罗杰斯先生拒绝国会监管，可谓是完美地继承了小布什总统时期的白宫政治顾问卡尔·罗夫（Karl Rove）和白宫法律顾问哈里特·迈尔斯（Harriet Miers）对国会传票的轻蔑，他们拒绝出席有关九位检察官解职风波的听证会。很快，恐怕国会检察权连白宫看门人都管不着了。

行政机关对秘密的迷恋在经济事务上也逐渐浮出水面，美联储监察小组花费几万亿美元购买有害的抵押债券是秘密进行的交易，国会也认可问题资产救助计划下支出的 8000 亿美元救助款项的机密性。

美利坚帝国大量的秘密为公众官员规避政治或法律问责提供了借口，这种问责制可是《独立宣言》中所赞颂的由被统治者同意授权的政府的试金石。在共和国成立之初，约翰·亚当斯（John Adams）就这样告诫人们：

> 如果人民没有一般的知识，自由就难以得到维护。人民有天赋获得知识的权利和求知的欲望。但是，除了这种权利之外，他们还有一个权利，一个无可争议、不可让渡、无法

废除的神圣权利去获取最令人畏惧和美慕的那种知识，我指的是了解他们统治者的品质和德行。对于人民来说统治者只不过和律师、代理人和托管人一样。如果他们的事业、利益和信任被统治者阴险地背叛了，或者被不负责任地虚耗了，那么人民就有权利取消他们自己所授予的权威，并任命更能干、更好的代理人、律师和托管人……㉟

美利坚共和国以教育和透明作为奠基石。自由与无知无法兼容。华盛顿总统在其第一份国情咨文中就强调了受过教育的选民的中立性。托马斯·杰弗逊详细阐释了任何一个文明国家都不可能在无知中获得自由。詹姆斯·麦迪逊训诫道，知识将永远统治无知。此外，开国之父们也清楚，知识由公共官员控制着就必须要求其透明，这样才能保证知识用于公共善行，避免官员滥用知识获取私人利益或从事一些恶劣的勾当。选民必须知道政府在做什么，以此作为自己政治忠诚和政治活动的指导，也能通过投票的方式惩罚政府的错误行为。历史学家亨利·斯蒂尔·康马杰（Henry Steele Commager）1972 年这样说过："这一代人教会美国人民一个道理，秘密政府是旧世界暴政的工具之一，这个国家因此坚守另一种原则：唯有人民可以知道他们的政府要干什么，民主制才能发挥作用。"㊱

美利坚帝国已经将共和国的信条抛到了九霄云外。在共和国里，政府的唯一目标就是保护个人不可剥夺的生命权、自由权、追求幸福亦即智慧和美德的权利。其哲学要义是将个人置于社会的中心。共和国的人们相信只要政府少一些限制，个人就可以获得自由，而且只能委以政府少数的控制权和对个人事务最少的监管权。这种高尚而充满革命性的远见已经屈从于另一种信仰——

为了留给民众零风险的生活，美国的使命是以国家或经济安全的名义扩大政府势力。

美利坚帝国挥霍无度的财政会加速它的毁灭。目前，它背负着超过8万亿美元的国债、3万亿美元的预算，还有目之所及的每年激增至1.5万多亿美元的预算赤字，所有这些都要靠子孙后代去偿还。在政府的公共福利计划、医疗保险制度、医疗补助计划、食品券补助、福利制度、失业补贴这些项目上螺旋式上升的开支都是不可持续的。另外，总统还有权随意调节经济方面的罚款细节，包括温室气体的排放、对银行官员的补偿、通过世贸组织的国际贸易或对医护人员的补偿。相比之下，共和国早期政府对经济的管辖简直可用吝啬来形容。杰弗逊总统将节俭和有限政府视为开明规则的特征：

> 贤明而节俭的政府，它会制止人们相互伤害，使他们自由地管理自己的实业和进步活动，它不会侵夺人们的劳动果实。这就是良好政府的集萃，这也是我们达到幸福圆满之必需。[⑧]

他甚至敦促增加一条禁止政府借贷的宪法修正案。

国父们将调整对外贸易和大众福利支出的权力委托给国会而非总统以促进政治问责制。在"克林顿诉纽约市"一案中，最高法院裁决依宪国会不允许授予总统"择项否决权"导致其自身支出自由受限。宪法将拨款的权力交予国会，是希望国会能利用这项权力制衡行政机关的篡权或滥用职权。詹姆斯·麦迪逊（James Madison）在联邦党人文集第五十八篇中说：

> 事实上，这种掌握国库的权力可以被认为是最完善和有

效的武器，任何宪法利用这种武器，就能把人民的直接代表武装起来，纠正一切偏差，实行一切正当有益的措施。[39]

共和国将国会置于宪政体系的最高地位，它有权要求每一个行政官员包括总统提供证词，以检查行政权力滥用情况并告知人民。宪法将不可替代的发动战争权交予国会，因为与总统比起来，国会没有捏造危险的动机。麦迪逊在联邦党人文集第四十八篇中强调了立法机关的主导地位：

> 在民主政体下，人民群众亲自行使立法职能，由于不能定期商量，取得一致措施，他们不断面临自己行政长官的野心阴谋，所以在某个有利的非常时刻，在同一个地方有突然出现虐政之虑。但是在代议制的共和政体下，行政长官的权力范围和任期都有详细的限制；立法权是由议会行使，它坚信本身的力量，因为被认为对人民有影响而得到鼓舞；它人数多得足以感到能激起多数人的一切情感，然而并不至多得不能用理智规定的方法去追求其情感的目标；人民应该沉溺提防和竭力戒备的，正是这个部门的冒险野心。立法部门由于其他情况而在我们政府中获得优越地位。其法定权力比较广泛，同时又不易受到明确的限制，因此立法部门更容易用复杂而间接的措施掩盖它对同等部门的侵犯。在立法机关中一个并非罕见的实在微妙的问题是：某一个措施的作用是否会扩展到立法范围以外。[40]

美利坚帝国的时代，联邦党人文集的第四十八篇不过是博物馆里的老古董。国会将党派忠诚捧得比制度特权还高，几乎是自甘降格为政治蓝图上的一点墨迹。

所有包括发动战争在内的强势权力都被让予作为三军统帅的总统，他俨然已是独揽经济和环境大权的沙皇。

国父们的担忧果然是正确的，对总统来说，军事冲突意味着爱国主义或强硬外交政策的支持，意味着机密、资金、任命职务，更意味着名垂青史的绝好机会，总统很容易不考虑未来就发起战事。

国会偶尔的决断力曾挽救过一点国会权力江河日下的颓势。尼克松政府时期，国会行使拨款权终止了 1973 年对柬埔寨的轰炸，禁止美国向泰国派驻地面部队。杰拉尔德·福特（Gerald Ford）总统政府时期，更是见证了所谓的"丘奇委员会"⑪听证会，会上公开了联邦调查局、中央情报局和国家安全局长达 40 年的非法情报搜集活动肆意践踏公民自由的事实。随后，国会通过了 1978 年的《外国情报监听法案》并在众参两院建立情报委员会，试图通过立法途径打压在国家安全事务上全能的总统。

然而随着 1991 年苏联解体，美利坚帝国使得共和国相形见绌之时，国会彻底丢弃了自己本已式微的行政制衡者角色。无论总统以战争、经济驱动、医疗等计划的名义要求多少资金，国会都会拨款，同俄罗斯杜马一样对普京言听计从。如今的立法草案通常来自白宫，而非那个宪法赋予立法权的机关。在 2009 年 12 月 1 日发布向阿富汗增派 30000 万人军队的决定前，奥巴马总统权衡了数周，却始终没有问过国会的意见，而这一决定每年要花费数千亿美元，没有一位议员站出来表示抗议。小布什总统在同伊拉克就新的《部队地位协定》谈判时也如出一辙地将国会置于事外。国会严重疏忽了对伊拉克战争、阿富汗战争和全球反恐战争的监督。1966 年就越战召开的富布赖特听证会就暴露了战争初期错误的假设，也加速了战争的结束。

国会低声下气地迎合布什总统，通过了伊拉克战争决议，授予总统发动进攻的自由裁量权。当时的众议院多数党领袖、得克萨斯州共和党人迪克·阿每（Dick Armey）在议会上发言说："有这样一份决议，事实上——是我们，美国国会——坦言：'总统先生，我们信任您，在国家危急关头我们依靠您来做三军统帅，我们将资源托付于您，任您支配。'我们应该就这份决议投票吗？答案当然是肯定的。"[42]众议员沃利·赫尔格（Wally Herger）（共和党/加州）附和道："我深信我们的总统会以美国最高利益为目标，做出正确的决定，我对他提出的正直建议满怀信心。"[43]参议员凯莉·贝利·哈钦森（Kelly Bailey Hutchinson）（共和党/得州）敦促道："总统先生有足够的证据相信只要再有一点点浓缩铀，伊拉克就能在一年之内制造出核武器。"[44]当然，伊拉克并没有大规模杀伤性武器，没有可移动的生物武器实验室，与基地组织并无瓜葛，也从未试图从尼日尔购买铀精矿。可是在美利坚帝国，凡是总统做的事情都不会有错，凡是举着国家安全的旗帜号令天下也没有错。国会不过是可靠的捧场者。

在伊拉克战争决议中，国会不顾宪法，急于对总统委以开战权。这与 1964 年不幸的"北部湾决议"何其相似！林登·约翰逊（Lyndon Johnson）总统也获得了对北越（越南民主共和国——译者注）发动战争的自由裁量权。华盛顿总统在主持 1787 年的制宪会议时这样教导人们："宪法赋予国会宣战权；因此，除非国民对战争进行深思熟虑的讨论并由经授权程序，否则国家不会大举发动进攻性的远征。"[45]宪法之父麦迪逊总统的行为回应了这一指示，1812 年他请求国会宣布对英开战。

然而，现在的总统仍然行使违宪的权力，发动先发制人的战争，欲将威胁美国及其盟友的危险扼杀于摇篮之中。而国会依旧照例资助、签署、默许任何总司令的要求。一位国会议员甚至荒谬地说，就像美国革命时期的英国国王，总统"在任何时候都可以未经国会同意调兵遣将"。即便总统通过谎言骗取的国会授权，参众两院的议员们也都平静地逆来顺受了。2009 年行政问责法案出台，本意在严惩总统蓄意欺骗国会或民众以获得战争授权的行为，引起的反响却只是国会的无精打采和民众的漠然。

在国家安全事务上国会低声下气的迎合并不是一个党派的问题。众议员吉姆·赖特（Jim Wright）（民主党/得州）曾回忆他和众议院议长欧尼尔（Tip O'Neill）（民主党/马萨诸塞州）是怎样在对外事务上扮演支持里根总统的角色的："他是我们的总统。我们就该这么做。"欧尼尔自己也曾说过："涉及对外政策，你就得支持总统。"

对行政机关施用酷刑或窃听通话记录、拦截邮件的行为，国会议员听之任之，懦弱地不作为，甚至与行政机关串通一气。即便知道了国家安全局或中央情报局的违法行为，国会的领导者和委员会的关键议员们也仍保持沉默。2003 年 2 月，女议员南希·佩洛西（Nancy Pelosi）（民主党/加州）了解到中央情报局非法的坐水凳酷刑。由于制造了一种引起持久精神创伤的濒死恐惧，坐水凳违反了联邦刑法法典，构成酷刑罪。而 2009 年 5 月 14 日的新闻发布会上，她坚持表示自己对此无能为力。然而，最高法院在 Gravel v. United States ㊻一案中已经宣布对国会议员"演讲和辩论"的保护条款，该条款承认参议院某个委员会可以揭发机密的五角大楼文件，且不用担心受到行政机关的报复，所以佩洛西完全可以利用这一言论免责权在国会会议上揭露这种犯罪行为。她也可以建议立法来禁止对囚犯使用水刑的资金支出，或特别将坐水凳指定为一项罪行，或建立一个独立的法律顾问团调查和起诉坐水凳的罪行。

但是出于党派政治的考量，佩洛西选择了怯懦与沉默。她不想让那些没学问的人觉得民主党人对恐怖主义示弱了。不言而喻的是，美利坚帝国里行政机关的"恶"要想胜利，只要国会里的好人们什么都不做就行了，佩洛西就是对此无动于衷。

总统总以行政特权阻止顾问们遵从国会的传票去提供证词，国会倒也没有想着要以蔑视国会罪实施罚款或通过阻止关键的总统任命来报复。在帝国早期阶段，白宫前顾问约翰·迪恩（John Dean）向参议院水门事件委员会列举了同尼克松总统在总统办公室的对话节选。迪恩的证词对揭露水门事件窃听罪行至关重要，也正式否定了"总统做的事情就一定是合法的"教条。但是到帝国的全盛时期，如果迪恩在同样的情况下被总统禁言了，当代的国会也不会有任何抗议。

总统批准国会通过的法案，但同时附加签署声明[47]，表明只要他单方面认为是违宪地限制了他在国家安全或对外政策及其他事务上的自由裁夺权的条款，他就意图忽略这些规定。签署声明的例子包括限制总统将美国军队置于联合国指挥之下或与被指定为恐怖主义的赞助国家会面的法令。这种签署声明等同于绝对的择项否决权，而美国最高法院已经在"克林顿诉纽约市"一案中宣布该项权利违宪。签署声明阻止国会向一个法案中添加总统喜欢和厌恶的条款，总统要么接受包括反对条款在内的整个法案，要么拒绝整个法案，此外别无选择。行政机关由此霸占了立法程序的权力。另外，因为签署声明是白宫的单边行为，参众两院无法以 2/3 的多数撤销一个签署声明。国会完全可以捍卫自己的立法权，比如通过禁止任何资金支出来执行某个附带着签署声明的法规，但是它无动于衷。

国会议员们觉得自己是在一部由总统担任编剧和导演的电影中出演配角。他们对包括折磨或违反外国情报监听法案的犯罪行为在内的滥用酷刑漠不关心。他们基本上不去核实向不负责任的金融机构注入的大量救助资金究竟有没有帮助经济发展，也不去调查美联储委员会是否滥用了秘密而巨大的货币权。大部分议员只是热衷于保护对某些受其垂青的慈善机构或研究机构享有的立法特征这类琐事。人们曾这样说法国国王路易十六倒霉的内阁：不言不行是一种强大的力量，然而也不应该滥用这种力量，这句话也可以用来形容今日的国会。

在美利坚共和国，国会可不像这样温顺。1794 年 11 月 19 日，华盛顿总统为国会回顾了被他镇压的抗缴酒税的威士忌暴乱，他指责"某些自创的社会"，敦促国会"借恶人的阴谋来巩固宪法：让我们永远根除国内煽动叛乱的行为，击溃对我们的进攻"。[48]议员威廉·史密斯（William Smith）认为如果众议院不遵从华盛顿总统的劝诫，"就是公开地舍弃了行政机关"。[49]而约翰·尼科尔斯（John Nichols）议员则不认为自己应该"因为总统而失去独立性"。[50]宪法和权利法案之父詹姆斯·麦迪逊也拒绝顺从总统的提议："人们制定宪法以后保留着他们尚未明确委派的权利。问题是能否对这些保留的权利立法。"[51]麦迪逊认为国会不得制定限制言论和媒体自由的法律，因为坚守共和制政府的本质意味着

"应该由人民对政府行使审查权，而不是相反"。㉜

在墨美战争之际，美国开始远离共和国走向帝国。时任总统的詹姆斯·波尔克（James K. Polk）声称墨西哥在美国的领土上杀害美国士兵挑起了冲突，任何质疑这一违反事实的言论的人都被他视为叛徒。

在议员罗恩·保罗（Ron Paul）（共和党/得州）、钟斯（Walter Jonest）（共和党/北卡罗来纳州）和丹尼斯·库辛尼奇（Dennis Kucinich）（民主党/俄亥俄州）看来，没有国会议员或国家领导者有勇气将现实直呈总统，美国在阿富汗和伊拉克的军事力量和战时对正当法律程序与公民自由的侵犯都使美国变得不那么安全，也不那么自由。最佳的国家防御来自于热爱本国的人民，即使不鼓励他们像阻挠了穆塔拉布和炸弹客雷德（Richard Reid）的飞机乘客那样去发现或挫败恐怖主义阴谋，他们也会保持警惕。

尽管爱国者法案的某些条款在宪法意义上值得商榷，且后来由联邦法庭宣布无效，但是法案本身的名称就是对批评者的迎面一击。为了让国会引导法律，司法部长约翰·阿什克罗夫特（John Ashcroft）对 2001 年 12 月 2 日针对该法案的批评咆哮道："你们妄图以失去自由的幻象吓唬热爱和平的人们，告诉你们吧：你们的诡计削弱国家统一、动摇民族决心，只会让恐怖分子拍手称快；只会涨他人威风灭己方志气。"㉝直到 2010 年 3 月，美国司法部副部长和哈佛大学法学院前院长还在向美国最高法院建言称如果某个律师代表被指控的恐怖主义组织提交诉讼摘要，就应该与俄罗斯的那些为诋毁政府者作辩护的律师一样被视为犯重罪。

这与希特勒统治下的第三帝国毫无二致。帝国元帅赫尔曼·

戈林（Herman Goering）在 1934 年的一次演讲中详细的论述如下：

> 普通民众当然不希望有战争，不过做出政策决定的毕竟还是已过的领导人，而将百姓拖下水也是一件很简单的事。无论是民主制还是法西斯独裁国家，是议会制还是威权制国家，无论民众能否发出自己的声音，领导人总有办法让民众对其唯命是从。很简单，你只要告诉他们有人正在发动进攻，并公开谴责反战者缺乏爱国主义精神、将国家置危险中而不顾。每个国家都是这样干的。㊾

美国最高法院联席大法官，以及在纽伦堡审判中担任美国检察长的杰克逊（Justice Jackson）淋漓尽致地展现了在冲突时期镇压异见的危险。在 1943 年"二战"期间的"西弗吉尼亚州教育委员会诉巴内特"一案中，他这样阐述道：

> 为了支持某些在当时或对国家而言具有重要性的目标，不仅是许多邪恶的人，甚至那些善良的人也会尽力去强行统一情感。民族主义是一个相对晚近的现象，在其他的地方和别的时代，目标会是种族安全、地区安全、对某一王朝和政权的支持以及拯救灵魂的各种具体计划。当寻求统一的起初温和的手段失败以后，那些渴求它成功的人们就会求助于日益严厉的手段。当政府施加的寻求统一压力愈来愈大的时候，统一于谁的问题就变得愈来愈尖锐……这种强迫统一的企图最终都是无效的，这是得自于每一种此类努力的教训：从罗马人对扰乱其异教统治的基督教的抹杀、作为宗教和王朝统一手段的宗教裁判所、作为俄国统一手段的西伯利亚流

放，一直到我们目前的极权主义敌人日渐衰败的努力。那些以强迫手段排除异议的人很快就会发现他们是在消灭持异议者。强迫的意见统一只会统一到坟墓中去。[55]

普通民众对于帝国的连年征伐要么喝彩赞誉要么漠不关心，主要出于这样三点原因：其一，帝国统治着这个星球，他们自然地感到欣喜若狂；其二，帝国最初的主要受害者，像哈姆丹、哈姆迪、布迈丁等，这些名字对他们而言就如外星来客；其三，他们在历史和哲学上几乎一窍不通，不可能认识到比起实际毁灭的敌人，帝国制造了更多的敌人，因而会造成每个人的毁灭。

无人机和狂轰滥炸杀害了多少阿富汗、巴基斯坦和伊拉克的平民。阿布格莱布监狱、巴格兰和中东欧的秘密监狱里的嫌犯要么被拷问要么被施以其他酷刑。托马斯·潘恩（Thomas Paine）在《常识》里解释了美国人民在美国革命战争时期如何应对侵犯，以及面对今天类似的残忍行径又会作何反应：

> 秉性迟钝的人多少有些忽视大不列颠对我们的攻击，仍旧非常乐观，动辄喊道：来吧，来吧，纵然发生这一切事情，我们还是可以和好的。可是请你们考察考察人类的感情和感觉：把和解的主张根据自然的标准来衡量一下，然后告诉我，你们以后是否还能热爱、尊敬并忠心耿耿地替那种已经在你们的土地上杀人放火的政权服务？假如这一切事情你们不能做到，那么你们不过是掩耳盗铃，由于你们的延误而使后代子孙遭到毁灭。你们既不敬爱英国，那你们将来和英国的联系一定是被迫的和不自然的，并且因为它是仅仅根据目前的权宜之计而形成的，它不久就会回到比当初更不幸的

老路上去。如果你们说，你们还能容忍那些侵犯，那么我要请教，你们的房屋有没有被烧掉？你们的财产是否曾在你们的面前被破坏？你们的妻儿还有床铺睡觉、有面包充饥吗？你们的父母儿女是否遭他们的毒手，而你们自己是不是在颠沛流离中死里逃生的呢？如果你们没有这些遭遇，你们就不能很好地体会那些有过这种遭遇的人的心情。但如果你们遭了殃，还能同凶手握手言欢，那么你们便不配称为丈夫、父亲、朋友或爱人，并且不管你们这一辈子的地位或头衔如何，你们有着胆小鬼的心肠和马屁鬼的精神。㊱

马修·亚历山大（Matthew Alexander）以笔名在《华盛顿邮报》的展望版描述了拷问折磨的后坐力效应。他在美国空军服役14年，最早是一名特种部队的直升机飞行员。他见证过波斯尼亚和科索沃的战争、当过空军反情报特工、后来自愿以高级审讯员的身份去伊拉克。亚历山大先生这样讲道：

> 在伊拉克，我了解到外国的战士对那里趋之若鹜的首要原因就是阿布格莱布和关塔那摩监狱的滥施酷刑。我们拷问的政策简直就是在直接为伊拉克基地组织招募人马。伊拉克绝大多数的自杀式炸弹袭击仍然是由这些外国人来完成的。他们也卷入了大部分对驻伊美军和盟军的袭击。可以毫不夸张地说，我们在那个国家一半的损失和人员伤亡都出自那些因为我们的虐囚行为而加入这场斗争中的外国人。我们永远也不会知道因为这一拷问政策而丧生的美国士兵的确切数字，但这个数字一定接近 2001 年 9 月 11 日丧生的人数。我实在不理解别人怎么能说拷问保障着美国的安全——除非你

并不把美国士兵算作美国人。㊿

　　侵犯他国主权的美国军事基地是对国家尊严的侮辱，也会制造敌意与怨恨。这也是 1990 年前后美国被迫从菲律宾的克拉克湾和苏比克湾分别撤走空军和海军基地的原因。一份部队地位协定通常赋予美国人员法律豁免权，不受所在国的管辖，这就加重了军事基地的侮辱意义。即便如日本和韩国这样亲密的盟国，其民众也会憎恶美国，因为服役人员强奸或谋杀这样的离岸罪行是不可避免的。例如 1995 年，日本冲绳一位 12 岁的女孩被三名美国士兵强奸，整个冲绳便在愤怒中爆发了。现在美国试图在那里新建一个基地以替代普天间海军陆战队飞行场，所有冲绳居民都正在抗议又有什么好奇怪的呢？

　　媒体反映了痴迷于帝国的政治文化。每日新闻中的故事——亦即历史的第一份草稿——总是巧妙地报道帝国的攻击，却从不去评估这些功绩与国家安全之间的联系。2009 年 2 月 6 日，《纽约时报》报道了美国暗地里援助乌干达袭击其国内反叛组织之一的圣主抵抗军。计划失败了，四处散落的反叛军在随后的逃窜过程中掀起了一波屠杀。2009 年 8 月 9 日，该报报道了美国军方的一个新的观念，气候变化被视为一种国家安全威胁。军方担心像孟加拉国这样的国家里发生的洪灾可能引起人道主义危机，造成邻国之间关系紧张，那么美国的军事反应就是必需的。这份报道并未质疑孟加拉国的洪灾是否真的会威胁美国，毕竟 2005 年斯里兰卡发生的海啸是一个相反的例证。㊽

　　2008 年 9 月 30 日，《今日美国报》登载了一篇题为《非洲警惕美国人控制大陆的新计划》的文章，概述了美国决定在吉布提建立一个新的军事总部——美国非洲司令部，负责美国在非洲大陆上的所有军事行动。^⑤非洲人民普遍认为美国的这一决定是为了保护自己的利益和获取当地的自然资源，并非一个反恐策略。

2009 年 7 月 30 日，《华盛顿邮报》刊载了一篇文章，描述奥巴马总统派遣国防部长罗伯特·盖茨（Robert Gates）、中东特使乔治·米切尔（George Mitchell）、国家安全顾问詹姆斯·琼斯（James Jones）及总统高级助手丹尼斯·罗斯（Dennis Ross）前往以色列要求其停止在约旦河西岸扩建定居点。^⑥若谁能解决巴勒斯坦问题，谁就理所应当获得诺贝尔和平奖，但是对于美国的国家安全来说，这最多只能算是一个边缘问题。埃及和约旦与以色列签订了和平条约后，美国并没有变得更加安全。叙利亚和以色列之间关于戈兰高地的争端对美国的安全而言也并非麻烦。

2008 年格俄冲突之后，《华尔街日报》当年 9 月发表了一篇文章称，时任副总统的切尼在访问东欧时向格鲁吉亚承诺了 10 亿美元的民用援助项目。该文章的作者称："美国会帮助重建格鲁吉亚，帮助格鲁吉亚重新成为世界上增长最快的经济体之一"，"周四的中途停留和切尼先生本周对阿塞拜疆和乌克兰的访问都有一个重要的目的，在俄罗斯重拾自信的情况下，美国想强调它会继续承诺保护那些从旧苏联的灰烬中重生的年轻国家"。^⑥但是美国为何要承担这项责任？白俄罗斯已经在事实上成为俄罗斯的一个卫星国，也并没有对美国造成什么危险。这些新的新闻故事或评论文章从不质疑美国干涉其他国家的前提，从未质疑我们为什么需要去影响非洲、中东、欧洲或其他地方的国家，也从不怀疑美国政客以有利于国家安全的宣传来管理境外事务的狡黠。

但是怀疑态度是十分必要的。过去，美国支持包括本·拉登在内的阿富汗伊斯兰激进分子反对苏联，后来就发生了"9·11"

事件。美利坚帝国和从前的圣战者盟友现在成了不共戴天的仇人，例如阿富汗前总理古勒卜丁·希克马蒂亚尔（Gulbudden Hekmatyr）。在入侵伊拉克并将萨达姆作为国家安全威胁拉下马之前，美国还在支持着萨达姆对抗伊朗的战争（1980～1988 年）。这一入侵反倒在无意间增强了伊朗激进伊斯兰政权的核武器野心、国家支持的恐怖主义和该政权对黎巴嫩真主党与哈马斯的支持。早在 1953 年，美国推翻了由民选总理穆罕默德·摩萨台（Mohammad Mossadegh）领导的伊朗政府，支持没落腐败的伊朗国王沙阿。25 年以后，随着伊朗革命的兴起，美国的死对头阿亚图拉·霍梅尼（Ayatollah Khomeini）的势力如日中天，政变终于爆发了。美国还精心策划了反对危地马拉总统哈科沃·阿本斯（Jacobo Arbenz）的政变，支持一系列压迫的军政权。危地马拉这种情况的又一变体当属美国支持奥古斯托·皮诺切特（Augusto Pinochet）将军推翻智利总统萨尔瓦多·阿连德（Salvador Allende）领导的政权。皮诺切特将军的独裁统治以酷刑折磨、法外杀戮而臭名昭著，甚至包括对身在美国的奥兰多·勒特里尔（Orlando Letelier）及其助理罗妮·莫菲特（Ronnie Moffitt）进行恐怖主义暗杀。

政治领导人和民众都认为美利坚帝国的善举和合宪性是像牛顿的运动定律那样毋庸置疑的事实。帝国承担起长期的全球战事，可谓是亵渎了这个国家建国之初的信条，你却几乎听不到任何反对的声音。

美利坚帝国重美丽轻智慧，重视职业运动轻视学习，重视权力远远超过哲学智慧和勇气。美国历史上从未像现在这样，那么多的人对如此纷繁复杂的世界知之甚少。

关于美利坚帝国的青年文化和抱负的事实令人忧心忡忡，重回美利坚共和国的前景渺茫。我们需要一种偏好自由而非追求零风险的生存和全球统治的政治环境。正如埃德蒙·伯克（Edmund Burke）所言：

> 人们获得公民自由的程度，与他们用道德约束自己欲望的倾向成正比；这取决于他们对公正的热爱超越自身贪婪的程度，取决于他们理性的健全和冷静超过自身的虚荣和傲慢的程度，取决于他们更愿意倾听智者与善者的劝导而非骗子的恭维的程度。只有在某处存在着对意志和欲望的控制力情况下，社会才能存在。内心的这种控制力越小，则外部控制力就必须越大……思想放纵的人将得不到自由。因为，他们强烈的情欲为他们锻造了枷锁。⑫

换言之，用波戈⑬（Pogo）的话来说，我们已经遇到了共和国的敌人，那就是我们自己。

当每一个美国驻外士兵都被国会指令召回美国，在美国本土保卫美国的普遍征兵制重建起来之时，美利坚共和国才会唾手可得；当迫使美国士兵为他人而战、为他人牺牲的每一个条约和行政协定都被总统废除或是被国会法令撤销之时，美利坚共和国才会复苏；当每一个美国选民都坚持弹劾和免除每一任藐视宪法的总统、内阁成员或国会议员的职务之时，美利坚共和国才会繁荣；当单边的总统战争行为被定罪之时，美利坚共和国才会兴旺；当美国政府的独有使命是保护美国人民不可让渡的生命权、自由权和追求幸福的权利之时，美利坚共和国才会进入鼎盛时期。然而，这一奇迹般的转型意味着要横眉冷对此前每一个帝国的先例。

注　释

① Joseph Alois Schumpter, *The Economics and Sociology of Capitalism*, ed. Richard Swedberg Princeton：Princeton University Press，1991，pp. 142 – 143.

无论一个国家如何无情而积极地追逐其自身的具体利益，一旦它得到了所追求的一切，你能指望它放下那种咄咄逼人的态度，那么这就不是帝国主义。"帝国主义"一词已经被滥用成一种口号，几乎快要失去它本身所有的意义了，不过直到这里为止，我们现在使用的定义与常见用法——甚至和媒体都还是一致的。在使用"帝国主义"一词时，无论是否发自真心，都暗含一种进攻性，这种进攻性并不是由短期追求的目标所决定的，它只能由每一次的成功重新煽动起来，"霸权""世界统治权"等类似的字眼反映出来就是为了进攻本身而进攻。事实上，历史告诉我们——大部分国家都会在某个时期提供这样的例证——国家和阶级都是为了扩张而谋求扩张，为了打架而诉诸战争，为了获胜而争取胜利，为了支配而寻求统治权。将决心付诸某种行动的任何托词和当时看起来为之奋斗的目标都不能解释这种决心。我们所面对的是一种持续的倾向——不管具体的目标或时机是什么，急切地抓住每一次机会，这种倾向通过对当前目标的所有论述体现出来。当下得到的优势并不能成为重视征服的原因（何况这种优势通常都是令人怀疑的，甚至经常被粗心大意地丢弃），真正的原因在于征服、成功、行动本身。这里我们日常意义上具体利益的理论就行不通了，这就需要解释胜利的意愿本身是如何形成的。

若要到达行动的阶段并且维护自己，为了扩张本身的扩张通常需要有具体的目标，但是这并不能构成扩张的意义。这样的扩张在某种程度上就是扩张的"目标"，事实上，它除了扩张本身就没有合适的目标。因此我们在没有更好的术语来描述它的情况下就称它为"无目的的"。正是因为这个原因，就像具体利益不能解释这样的扩张，某种具体利益实现以后也并不能让它满足。若动机是满足，那么为了满足所做的努力不过就是一种必要的恶——事实上这是一种反驳。所以这种扩张有一种超越一切束缚和明显限制直至彻底衰竭的趋势。那么，这就是我们的定义：帝国主义是一个国家无目的且无限强行扩张的倾向。

……我们对历史证据的分析首先表明了无可置疑的事实是没有明确而实用的限

制——非理性的和不理性的、纯粹是本能地倾向于战争和征服的"无目的的"强行扩张倾向在人类历史上发挥着很大的作用。这种说法听起来似乎有些矛盾，但是无数的战争——或许是大部分的战争——都是在没有合适"理由"的情况下发动的——这并不是从道德视角来看，而是从合理和理性的利益角度而言。换句话说，国家所做的最艰巨的努力都付诸流水。其次，我们的分析对这种行动的动力和战争的意向做出了解释——仅仅引用某种"刺激"或"本能"是绝不能推翻这一理论的。我们的解释在于形势所造成的生死攸关的需求——如果他们不想灭种的话——是这种形势将民族和阶级塑造成武士；此外，在这种灰暗过去的形势中形成的心理倾向和社会结构一旦牢牢形成，就会巩固加强并持续发挥作用，即便它们早已失去了往日的意义和保命的功能。第三，我们的分析表明还存在有利于这些倾向和结构留存的辅助因素——这些因素可以分为两组。国家对战争的定位主要是由统治阶级国内利益所决定，同时也受到所有想要从战争政策中分一杯羹（无论是政治获益还是社会收益）的个人的影响。

② 见第 115 页。

③ Office of Professional Responsibility, Report, "Investigation into the Office of Legal Counsel's Memoranda Concerning Issues Relating to the Central Intelligence Agency's Use of 'Enhanced Interrogation Techniques' on Suspected Terrorists," July 29, 2009, pp. 63 – 64.

司法部职业责任办公室在调查法律顾问办公室关于中情局对恐怖分子嫌疑人使用"强化审问技术"问题的备忘录时，一位调查官要求著有臭名昭著的《拷问备忘录》的柳约翰解释拷问法规会如何妨碍总统战争决策的能力。二人对话如下：

调查官：我想我要提的问题是，这项法律真的会影响到总统战争决策的能力吗……

柳：是的，当然。

调查官：你的说法出处何在？

柳：因为那是总统在战争中可能用到的一个可选项。

调查官：那么下令将一个村子的反抗者集中到一起进行屠杀呢？……这也是总统能合法使用的权力？

柳：是的。不过，这样说吧，这当然是三军统帅在战术决策上的权力。

调查官：下令［诛灭］一村的平民？

柳：当然。

④ 见第 128 页。

⑤ Barak Obama, "Nobel Peace Prize Acceptance Speech," Oslo, Norway, December 10, 2009.

⑥ Steven Erlanger, "Yemen Says It's Arrested 3 Qaeda Militants," *New York Times*, January 7, 2010.

⑦ Catherine Herridge, "Senators Urge Administration to Transfer Alleged Bomber to Military Custody," *FoxNews.com*, http：//www.foxnews.com/politics/2010/01/25/senators – urge – administration – transfer – christmas – bomber – military – custody/ (accessed on April 16, 2010).

⑧ 指圣保罗与明尼阿波利斯——译者注。

⑨ 美国联邦最高法院明确规定：在审讯之前，警察必须明确告诉被讯问者：（1）有权保持沉默；（2）如果选择回答，那么所说的一切都可能作为对其不利的证据；（3）有权在审讯时要求律师在场；（4）如果没有钱请律师，法庭有义务为其指定律师。如果警察在审讯时没有预先作出以上 4 条警告，那么，被讯问人的供词一律不得作为证据进入司法程序。

⑩ Associated Press, "Somali Man Charged in Attack on Danish Cartoonist," *USA Today*, January 1, 2010.

⑪ 同上。

⑫ Scott Shane, "A Year of Terror Plots, Trough a Second Prism," *New York Times*, January 13, 2010.

⑬ General Douglas McArthur – May 15, 1951.

⑭ 美国记者、文学评论家（1880～1956）——译者注。

⑮ H. L. Mencken, *In Defense of Women*, Alfred A. Knopf, 1922, p. 38.

⑯ Thomas Jefferson, "First Inaugural Address." KeynoteAddress, Senate Chambers, Washington D. C., March 4, 1801.

⑰ Grover Cleveland, "First Inaugural Speech." Washington D. C., March 4, 1885.

⑱ David N. Balmforth, *America's Coming Crisis*: *Prophetic Warnings*, *Divine Destiny*, Utah, USA: Horizon Pub & Dist Inc, 1998, p. 14.

⑲ Victor Davis Hanson, "Iraq: Hard Hearts," *Hoover Digest*: *Research and Opinion on Public Policy*, Summer, Vol. 3, 2007.

⑳ 俄从沙皇时期、共产党时期到后苏联时代的两个多世纪里一直有舰队驻扎在塞瓦斯托波尔。但是只有几年即将租赁期满，俄罗斯也担心它在那里剩下的时日不多了。于是它发起了一个类似于重新将塞瓦斯托波尔纳入国境的活动，激起了彻底的外交争端，似乎成了新冷战的导火线。对俄罗斯而言，这个问题关乎扭转它眼里严重的历史不公。俄国凯瑟琳女皇在18世纪将塞瓦斯托波尔盗入俄罗斯囊中。但是在1954年，当时的苏联领导人赫鲁晓夫显然是一时兴起，将克里米亚半岛的所有权从俄罗斯苏维埃社会主义共和国转移给了乌克兰苏维埃社会主义共和国。但是苏联解体后，俄罗斯发现自己的海军瑰宝之一和它认为是自己领土的区域已落入他国。随着乌克兰的亲西方领导人推动加入北约的进程，俄罗斯的酸楚变成了公开的敌意。在可见的未来里，俄乌之间非常可能爆发军事冲突。

㉑ Barak Obama, "Remarks by the President in Address to the Nation on the Way Forward in Afghanistan and Pakistan." United States Military Academy at West Point, West Point, New York, December 1, 2009.

㉒ Patrick E. Tyler, "US Strategy Plan Calls for Insuring No Rivals Develop a One Superpower World." *New York Times*, March 8, 1992.

㉓ Project for the New American Century, 1997, "Statement of Principles," http://www. newamericancentury. org/statementofprinciples. htm (accessed on February 4, 2010).

㉔ Thomas Donnelly, "Rebuilding America's Defense: Strategy, Forces and Resources for a New Center," *The Project for a New American Century*, 2000.

㉕ William Pitt, "Of Gods and Mortals and Empire," *Truth out*, 2003, http://www.nogw.com/download/_ 07_ gods_ mortals_ empire. pdf (accessed on February 22, 2010).

㉖ Paul Wolfowitz, "Briefing to the Pentagon," Arlington, Virginia, September 13, 2001.

㉗ George W. Bush, "Remarks by the President at the 2002 Graduation Exercise of the U-nited States Military Academy," United States Military Academy, West Point, New York, June 1, 2002.

㉘ Robert Barnes, "McCain to Georgian President: 'Today We Are All Georgians'," *The Washington Post*, August 12, 2009.

㉙ John F. Kennedy, "Berlin Speech," Rudolph Wilde Platz, Berlin, June 26, 1963.

㉚ James Madison, Speech, Constitutional Convention (1787 – 06 – 29), from Max Farrand's *Records of the Federal Convention of 1787*, Vol. I (1911), p. 465.

㉛ Linda J. Bilmes, "The Three Trillion Dollar War: The True Cost of the Iraq Conflict," *LA Times*, July 2, 2009, http://articles.latimes.com/2009/jul/02/opinion/oe – bilmes2? pg = 2.

㉜ Abraham Lincoln, "Address Delivered at the Dedication of the Cemetery at Gettysburg." In *Great Speeches*, New York: Dover Publications, 1991, p. 103.

㉝ Lewis Carroll, In Alice's Adventures in Wonderland, London: Penguin Books, 1998.

㉞ Associated Press, "Obama: No Rights for Bagram Prisoners," *MSNBC*, February 20, 2009, http://www.msnbc.msn.com/id/29308012/ (accessed on April 16, 2010).

㉟ William Shakespeare, *The Oxford Shakespeare: Julius Caesar* (Oxford World's Classics: the Oxford Shakespeare), New York: Oxford University Press, USA, 2008.

㊱ Letters Addressed to the Inhabitants of the Province of Quebec, Oct. 26, 1774, Journal of the Continental Congress 1, 108 (W. Ford ed. 10904).

㊲ Adam Liptak, "Obama About – Face Goes to High Court." *New York Times*, September 15, 2009, New York edition.

㊳ Marvin Myers, "The Jacksonian Persuasion," *American Quarterly*, No. 5, Spring, 1953, p. 14.

㊴ Alexander Hamilton, John Jay, and James Madison, *The Federalist Papers*, London: Penguin Classics, 1987.

㊵ 同上。

㊶ 美国参议院情报特别委员会为研究政府情报活动的常用名称——译者注。

㊷ Richard Armey，"Authorization for use of Military Force Against Iraq Resolution of 2002"，*C - Span*，October 10th，2002，http：//www. c - spanvideo. org/congress/? q = node/77532&appid = 596118772（accessed on April 15，2010）.

㊸ John Bonifaz，*Warrior - King：The Case for Impeaching George W. Bush*，New York：Nation Books，2003，p. 15.

㊹ John Bonifaz，*Warrior - King：The Case for Impeachin George W. Bush*，New York：Nation Books，2003，p. 16.

㊺ Gene Healy，"A Presidency Worth Celebrating,"February 18，2008，http：//www. cato. org/pub_ display. php? pub_ id = 9230（accessed February 22，2010）.

㊻ 一个与议员言论免责权有关的案子。

㊼ "总统签署声明"（presidential signing statements），简称"签署声明"，是美国总统在签署一项经国会通过的法案时附于其后的补充文告。它虽不具有正式的法律效力，却可以就法案的基本原则或其中的具体条款给出总统的意见和解释，并对行政部门的执法力度与手段予以指导。——译者注。

㊽ Jefferey H. Morrison，*The Political Philosophy of George Washington*，Baltimore：John Hopkins University Press，pp. 56，143.

㊾ Louis Fisher，"Domestic Commander in Chief：Early Checksby Other Branches,"*Cardozo Law Review*，Vol29，No. 3（Fall2008），pp. 981 - 982，http：//loc. gov/law/help/usconlaw/pdf/cardozo_ fisher. pdf（accessed on April 16，2010）.

㊿ Louis Fisher，"Domestic Commander in Chief：Early Checksby Other Branches,"*Cardozo Law Review*，Vol29，No. 3（Fall2008），pp. 982，http：//loc. gov/law/help/usconlaw/pdf/cardozo_ fisher. pdf（accessed on April 16，2010）.

51 Martti Juhani Rudanko，*James Madison and Freedom of Speech：Major Debates in the Early Republic*，Lanham：University Press of America，2004，p. 64.

52 同上。

53 David Cole，"Enemy Aliens,"*Stanford Law Review*，Vol. 54，No. 5，May（2002），p. 953.

(54) Victor W. Sidel and Barry S. Levy, "War, Terrorism and Public Health Symposium Article - Part I: Global Challenges to Public Health," *The Journal of Law, Medicine and Ethics*, Vol. 31 (2003), p. 521.

(55) Justice Jackson, *West Virginia State Board of Education Et Al. v. Barnette Et Al.*, Supreme Court of the United States, 319 U. S. 624, June 14, 1943, http://www.law.umkc.edu/faculty/projects/ftrials/conlaw/barnette.html (accessed on April 12, 2010).

(56) Thomas Paine, *Common Sense*, London: Createspace, 2009.

(57) Alexander Matthew, "I'm Still Tortured by What I Saw in Iraq," *The Washington Post*, November 30, 2008, sec. Outlook.

(58) John M. Broder, "Climate Change Seen as Threat to U. S. Security," *New York Times* (*New York City*), August 9, 2009, New York Edition.

(59) Todd Pitman, "Africans Wary on New US Command for Continent," *USA Today* (*North America*), September 30, 2008.

(60) Editorials, "Tough on Israel," *Washington Post*, July 30, 2009, http://www.washingtonpost.com/wp-dyn/content/article/2009/07/29/AR2009072903167.html (accessed on April 16, 2010).

(61) John D. McKinnon, "Cheney Visits Georgia, Slams Russian Actions," The Wall Street Journal, http://online.wsj.com/article/SB122051771846298917.html (accessed on February 22, 2010).

(62) Edward Burke, Reflections on the Revolution in France, ed. Leslie George Mitchell, New York, Oxford University Press, 2009, p. 289.

(63) Pogo 是一个四格幽默漫画系列，其作者是著名漫画家 Walt Kelly（1913～1973）——译者注。

第二章　共和国凋敝几何？

——从列克星敦和康科德到卡林哥山谷

1775 年 4 月的第十九天，那是美利坚共和国带有玫瑰色调的美丽晨曦。美国"民兵"第一次在与英国士兵的公开对抗中洒下了热血，事情就发生在列克星敦和康科德这两个双子星城，它们在诗人朗费罗（Henry W. Longfellow）的作品《保罗·瑞维尔午夜飞骑》[①]中流芳百世。

这些民兵并非职业军人，他们不过是一群勇气非凡、坚信自由和主权的普通人。在列克星敦，有八位勇者为建立共和国奋战到生命的最后一刻。人们在列克星敦草地上竖起一座战争纪念碑，将这八位民兵的名字铭刻于此：罗伯特·门罗（Robert Munroe）、乔纳斯·帕克（Jonas Parker）、塞缪尔·哈德利（Samuel Hadley）、小乔纳森·哈林顿（Jonathan Harrington，Jr.）、艾萨克·马齐（Isaac Muzzey）、迦勒·哈林顿（Caleb Harrington）、约翰·布朗（John Brown）和亚撒黑·波特（Asahel Porter）。他们为了保卫自由和后代战死在美国领土上，而不是为了建立帝国，通过无休止的全球战争来支配其他人。就像托马斯·潘恩在《常识》中所写到的，对他们而言，法律便是国王，国王却不是法律。[②]

离列克星敦不远，人们可以去瞻仰康科德的民兵纪念雕塑，这是丹尼尔·切斯特·法兰奇（Daniel Chester French）在 1874 年创作的。它活脱脱地证实了在国家诞生之初普通民众对自由的热爱、对暴政的厌恶。1846～1848 年的墨美战争开始，美国高喊着盲目的天定命运观的口号，开始将安全的共和国变换成不安全的帝国，在此之前，拉尔夫·沃尔多·爱默生（Ralph Waldo Emerson）在 1836 年所作的《康科德赞歌》中高度赞扬了这一直指人心的艺术雕塑：

> 简陋的拱桥旁，河水流淌，
> 浴火战旗，四月的风中飘荡，
> 弃家从戎的农夫们，
> 打响了声震全球的一枪。
> 从此敌人长眠在这里，
> 胜利者也倒下，默默安息；
> 时光抹去了桥梁的身躯，
> 幽暗的河水，日夜向着大海流去。
>
> 这郁郁葱葱的岸边，和缓的水畔，
> 我们奉上一座丰碑，
> 将他们的功绩缅怀颂扬，
> 直到孩子们的后代，天地一样久长。
> 是那神圣不屈的精神啊！引导着英雄
> 蹈火战场，用赴死换取子孙自由生活，
> 时间与这座丰碑同在啊，
> 这精神的血脉，从此流淌在子孙身上。[③]

这些严阵以待的农夫都是在为后来体现在宪章文件中的思想

而战，为独立宣言、美国宪法、乔治·华盛顿的告别演说、约翰·昆西·亚当斯（John Quincy Adams）在 1821 年 7 月 4 日独立日的演说而战。他们以自身行动解释了这个国家的革命精神：个人自由、正当法律程序高于国家安全；由被统治者同意授权的政府；分权制衡；主权在民，而非国王或帝王。宪章文件坚持认为政府的全部目的就是保护我们自己及子孙后代不可让渡的生命权、自由权和追求幸福的权利。④宪法规定联邦政府的权力只能限制在公开列举的与合理暗含的问题领域。"政府非但不是问题的解决之道，反而正是问题所在"这样的说法并非现代的发明，它是詹姆斯·麦迪逊在《联邦党人文集》中表现出的洞察力：

> 如果是天使统治人，就不需要对政府有任何外来的或内在的控制了。在组织一个人统治人的政府时，最大困难在于必须首先使政府能管理被统治者，然后再使政府管理自身。毫无疑问，依靠人民是对政府的主要控制；但是经验教导人们，必须有辅助性的预防措施。⑤

同样是麦迪逊所著的《权利法案》也试图抑制政府的权力。例如，宪法第一修正案禁止政府妨碍宗教信仰自由、剥夺言论自由、侵犯新闻自由和请愿平反冤情的权利。另外，第一修正案也阻止政府赞助某个宗教。第二修正案禁止政府侵犯人民持有和携带武器的权利。第四修正案禁止警察无理搜查和扣押，保障人民不受干涉的权利。第五修正案要求政府征收任何私产时都必须给予公平赔偿，不得在任何刑事案件中被迫自证其罪；不经正当法律程序，不得剥夺生命、自由或财产。第六修正案禁止政府在刑事诉讼中手伸得过长，设定公民陪审团的权利、有对质原告的权利、有取得律师帮助的权利、传唤辩护证人的权利，禁止连续起诉同一犯罪认定。第八修正案禁止施加残酷的、非常的刑罚。《人权法案》也断然不是为政府调控、福利项目、救助民营企业或其他问题开药方。的确，宪法避免给政府强加任何应尽的职责，除了需要对以征用权征收的私人财产提供补偿。

至于国家的繁荣，开国之父们深受苏格兰经济学家亚当·斯密 1776 年著述中真知灼见的影响：

> 要使一个国家从最低级的蛮荒状态达到最富裕的程度，几乎不需要其他任何东西，只需要和平、宽松的税收以及良好的司法秩序，然后所有剩下的一切都可以在事物的自然进程中产生。一切政府若妨碍事物的这一自然进程，或在具体某一点上尽力阻碍社会的前进，强迫事物进入到另一个轨道，那就都是不自然的，为了让它们自己维持下去就只能采取压迫和暴政。⑥

1914 年第十六条修正案通过以前，宪法禁止国会征收所得税，联邦政府的岁入并不算高，大部分来自于关税和消费税。1912 年联邦岁入为 9.21 亿美元，相应的预算赤字为 350 万美元。

在宪法序言中，美利坚共和国就誓与帝国断绝关系，它极其明显地排除了拯救暴政或人道主义恐怖中的世界这样的乌托邦蓝图，它认为一个享受自由福祉的美国人民的完美联合高于一切，不容置喙，后面不是问号、逗号或分号。

列克星敦和康科德的民兵用自己的生命击垮了集中的行政权。英国的君主被授权可以单方面发动战争，牺牲帝国臣民的生命以赢得个人名誉、荣耀，实现扩张或报复私人耻辱。1775 年 4 月之前的半个世纪中，开国之父们目睹了欧洲国家之间旷日持久的冲突，其目的与保护国家主权毫不相关，只是为了征服和支配他国，包括 1757～1763 年美洲殖民地为英国国王而参战的法印战争。后任联邦最高法院首席大法官的约翰·杰伊（John Jay）在《联邦党人文集》中写道："专制君主往往在他们的国家无利可图时制造战争，为的只是私人打算和目的，例如渴望军事上的荣誉，报复私仇，野心，或者为了履行能加强或帮助自己家族或同党的私人盟约。"⑦ "这些动机以及其他各种各样只有首脑人物才会受到影响的动机，往往使他进行不符合人民的愿望和利益的非正义战争。"⑧

列克星敦的民兵为之奋战的美利坚共和国具有三个基本信条。第一，美国的对外影响力仅限于榜样的力量，亦即它应该打消国家建设的念头。它应该拒绝卷入解放其他地方受压迫民族的战争，因为这些人不效忠美国，也不受美国法律管辖。另外，共和国应拒绝承担任何向全球传播自由或民主的道德责任。民兵们早已考虑到当时的国务卿约翰·昆西·亚当斯（John Quincy Adams）在 1821 年美国独立日的演讲中提到的思想：

> 在过去的近半个世纪里，美国毫无例外地尊重每一个国家的独立，同时坚持和维护自身的独立。她不去干涉他国的事业，即便有时候冲突涉及她坚守的原则，即便她视那些原则如心脏跳动的最后一滴血。她为一切民族的自由独立衷心祝福，却只是本国自由独立的斗士和捍卫者……她可能成为世界的独裁者：她将不再主宰自己的精神。⑨

这位国务卿注意到了英国政治家伯克的劝诫，这一劝诫却并未引起大英帝国的重视："我担心我们自己的力量和野心。我担心我们害怕过了头。说我们不是人当然是可笑的，说作为人我们永远不应该追求扩张也同样荒谬。"⑩

第二，美国会履行独立宣言与宪法中的政治格言：人人生而平等；造物主赋予他们若干不可让渡的权利，其中包括生存权、自由权和追求幸福（即智慧和美德）的权利；为了保障这些权利，人们才建立政府，而政府的正当权利，则是经被统治者同意授予的；正当法律程序是保卫自由的最佳守卫，自由与公开才是共和国政治领域的规则，政府高压与保密只能是例外。

第三，共和国能够保护自由与自治，除非人们愿意为后代牺牲自己，比如为了保持纯粹的将个人置于社会中心、拒绝政府膨胀的共和国体制和先例，否则美国应避免回到君主制的帝国时代。它要求美国在最开始就要抵制住侵犯自由或亵渎宪政的诱惑。詹姆斯·麦迪逊告诫道：

> 在有人对我们的自由做第一次试验的时候，我们就应该引起警惕。谨慎怀疑是美国人民的第一职责，也是独立战争留传下的最高贵的特点之一。美国的自由人民没有坐等被篡夺的权力横行跋扈，没有眼睁睁地看着它对先例中的这一问题纠缠不清。他们看到了这一原则的所有结果，也避免了不遵循这一原则的所有后果。我们对此心存敬畏，不敢忘却。⑪

民兵们为之牺牲的共和国原则现在常常被忽略。美国已然成为一个帝国，以国家安全或经济福利为借口，容忍政府的无法无天和无限制的权力，这样的例子比比皆是。国会和美国人民自愿地将权力的制高点让予总统。保密而非由被统治者同意授权的政府已经成为日常规范。个人自由——免于无理拘留或酷刑以及不受干涉的权利——已经附属于根本站不住脚的所谓危险。美国的使命不再是严格限制政府权力、保卫个人自由，而是堕落成控制或统治世界，为此，总统被赋予无限制的权力，他可以在全世界各地部署军队、无止境地实行军事管制、践踏个人自由、让人们在经济上更加依赖政府。

2009 年 4 月 15 日，周三的《纽约时报》报道了在阿富汗的第 26 步兵团一营 B 连二排的情况[12]，比较一下这些士兵与当年的民兵们，美利坚共和国之殇与美利坚帝国之兴便跃然纸上。列克星敦和康科德的民兵名垂千古的勇气和牺牲的历史距今已 234 年，算上奥巴马总统的就职，距今几乎是 234 年三个月。

二排被投入到一场旷日持久的全球反恐"战争"中，他们离开在阿富汗卡林哥山谷（Korangal Valley）的基地前往 Laneyal 镇去执行与当地长者谈话的任务，这个地方与美国的海岸相隔千里。他们此行是希望确定当地人支持还是反对美国军队占领该山谷的意图。这真是一件愚蠢的差事！因为答案取决于美国是否会一直在阿富汗保护这些长者免受塔利班或基地组织的报复，也取决于美国会不会强制哈米德·卡尔扎伊总统建立起一个有效的、不腐败的政府，这个政府能不能取得人民的忠诚。而这排战士根本回答不了这些问题。

这些卡林哥人是一个与世隔绝的阿富汗民族，其语言与阿富汗的两种主要语言普什图语和达里语都大为不同，可是三年里他们已经让美国军队在一小块领土上陷入了血腥的僵局。然而，这些倒霉的阿富汗人并没有考虑过进攻美国。美国军队入驻山谷以前，卡林哥人与塔利班并无联系，这里也不是叛乱分子或基地组织的重要天堂。负责美国在卡林哥山谷的军事行动的陆军中校布莱恩·珀尔（Brian Pearl）说过："我不相信在山谷里有什么塔利班的核心力量。"[13]曾在这个山谷里战斗过的特种部队成员詹姆斯·福塞尔（James Fussell）少校同布莱尔中校的看法相似："某个塔利班或基地组织成员偶尔会经过这个地方，但是当地人绝对不是叛乱分子的同伙。不幸的是，他们现在变成了同伙，因为他们愿意接受任何把我们赶出去的帮助。"[14]

同其他叛乱分子一样，卡林哥人战斗的动机也各种各样。有些人出于和激进伊斯兰战士的志同道合而支持塔利班，有些人担心塔利班报复，有些人因为憎恶腐败无能的美国傀儡卡尔扎伊政权，所以要杀死美国和盟军的士兵。卡尔扎伊几乎禁止了所有的木材砍伐，当地的伐木业严重受创。关于木材的争议甚至表现在二排在山谷的前哨基地上。那里以前是一个锯木厂，流离失所的厂主哈吉·马丁（Hajji Matin）后来成为当地武装分子的领导人之一。阿富汗政府禁止木材交易，断绝了他唯一的收入来源，紧接着他的几位家人又在一起美国空袭中丧生，走投无路的他便投向了塔利班的怀抱。[15]长期抵御外敌入侵的历史使得这个族群对外界文化上的敌意根深蒂固，这种敌意强化了上述所有动机。如果不是美国军队出现在阿富汗，这些卡林哥人永远都不会对美国人树立敌意。没有人在密谋袭击美国，绝大多数的人只不过希望不被干涉。

二排到了 Laneyal 镇对面斜坡上的另一个村镇阿里雅巴德（Aliabad），开始准备沿着一个石梯下到河边。几位士兵朝着对面端着枪，两个小队的士兵和官员穿过一座狭窄的步行桥，到了两条支流的交叉口。领头的小分队穿过第二座桥，进入一片种着麦子的梯田，此刻，塔利班在静静地等待着。

当第一批 6 个美国人沿着河对岸开始走动，塔利班发起了攻击，在这群人身边引爆了炸弹。灰尘与岩石混合而成的爆炸云冲入云霄，释放着叛乱分子开始袭击的信号。美国的士兵们一边赶紧撤离杀伤区，一边疯狂地以激烈的小型武器的火力试图反击。火拼逐渐升级，美国的飞机大炮开始猛击疑似叛乱位置，毁掉了该区域大量的村镇建筑。当战场形势开始有利于美国时，塔利班消失了。美国士兵只能猜测是否有杀死或打伤塔利班的人。

二排很快又意识到他们自己的人——二等兵理查德（Richard Dewater）不见了，于是立即派出了一支美方和阿富汗联合搜救队。伏击后的几个小时，士兵们才找到他被吊在一棵树上的尸体。他死于最早的那次爆炸袭击。当晚一架直升机来到卡林哥战区接走了他的尸体，带着他踏上了迢迢返乡路。几日后，在俄勒冈州罗斯堡他的葬礼上，他躺在覆以国旗的棺椁中，终于与家人团聚——愚蠢的美利坚帝国一手造就的另一个受害者。为掩盖战争的真相，在国会的默许下，总统禁止发布返乡的棺材照片。

列克星敦的烈士为保护美国人的生命和自由血洒疆场，而理查德却客死他乡。当年的英军背后是一个控制着各大海域的强大帝国，实际上它意图将美国的殖民地变为半分封的土地，与之相比，阿富汗对美国的威胁简直微不足道。强大的英军令华盛顿的大陆军队相形见绌，而塔利班相对于美国的军事力量可谓以卵击石。独立战争如若失败，国父们会以叛徒罪论处。在结束与英国关系的独立宣言中，他们献上了自己的生命、财富与神圣的荣誉。而理查德是在执行进攻的战争任务，并非反击阿富汗对美国的进攻。

塔利班和基地组织对美国的威胁微不足道。2007 年 10 月，

《纽约时报》称塔利班可能豢养了一万多名战士，然而实际上只有很小一部分——少于 3000——是全职的武装分子。阿富汗的基地组织人数更只有 100 人左右（截至 2009 年 10 月），邻近的巴基斯坦的基地组织人数与此大致相当。[16]两者合起来对美国的威胁也不过是苏联红军或纳粹德国国防军的影子而已。二者都没有政府的征税权和征兵权，没有科学家去开发高端武器，也没有维持持续积极的战事所必要的经济资金。他们不远千里来美国蓄意破坏的能力或意愿离战争的宪法门槛还差得远，相比之下，出现另一个蒂莫西·迈克维（Timothy McVeigh）或企图用炭菌病毒杀害高层官员的风险更大。

比起塔利班或基地组织，美国人民极有可能被国内的谋杀犯杀害。从 2001 年 9 月 11 日算起，在美国境内共有 3000 名美国人死于国际恐怖分子之手。同一时间段里发生了近 153000 起谋杀事件，其中仅 61% 的故意杀人犯罪嫌疑人被捕，更别提定罪了。[17]基地组织威胁要在华盛顿建立一个哈里发的伊斯兰王权，这样的断言源自一种亢奋的想象，它利用了民众对伊斯兰的恐惧。而这种传言之所以可信，是因为帝国的心理就是利用夸大的危险来证明国家安全的合理性。伊斯兰圣战者——不像国内的谋杀犯——可能妄图推翻美国政府建立起伊斯兰神权统治。但是一种没有任何实现潜力的恶意并没有越过犯罪行为和战争行为的分界线。

阿富汗战争就是一场选择的战争，而不像奥巴马总统说的那样是一场必需的战争。这也解释了他为什么要设定一个开始从那里撤军的半截止日期——2011 年。他清楚要预防另一个“9·11”，千里之外的美国军队是没用的。

除了他的朋友和家人显而易见的悲伤，二等兵理查德的死几乎没有引起美国公众的注意就随风而逝了。没有人撰写《康科德赞歌》《保罗·瑞维尔午夜飞骑》或《葛底斯堡演讲》来纪念他的牺牲。没有人表达敬意，也没有人来祭祀。他不是为一个民有、民治、民享的政府牺牲的，他死得毫无意义，就为着一个在全球各地陷入无尽战争的帝国而亡，这个帝国迷恋于享受那支配和飞扬跋扈的幼稚的兴奋感。从对抗帝国到成为帝国，美国已经圆满了。

2009 年 6 月 25 日，迈克尔·杰克逊逝世的同一天，陆军少尉布莱恩·布拉德肖（Brian Bradshaw）在阿富汗丧命于一个爆炸的装置。他的阿姨？玛莎·吉利斯（Martha Gillis）住在弗吉尼亚州斯普林菲尔德，在一封写给《华盛顿邮报》编辑的信中，她写道："没有人报道在那周死去的战士和我的侄子吗？……迈克尔·杰克逊获得了悼念的'神龛'，他们的死却默默无闻，他比他们做得更多？还是他更有象征意义？"[18]这封信发表在 2009 年 7 月 5 日的报纸上。美国人民基本上对伊拉克、阿富汗和国际反恐战争都比较冷漠，因为他们心里清楚这些冲突都与他们的安全无关，而且在那全是自愿的军队里，没有声音和权力的弱势群体占绝大多数。

1970 年，越南退伍军人、后来的民主党总统候选人约翰·克里（John Kerry）对越战中毫无意义的美国人员伤亡这样感慨：

现在我们知道，当美国人的生命逝去时在那里战斗的人必须视而不管，这样我们才能挑起那不可思议的傲慢，将越南人越南化……为了加速这一进程来洗脱美国在越南的错误，每一天都有人要献出生命，这样美国就不用承认一个全世界都已经清楚的事实，这样我们就不用说我们错了……必须得有人死，这样尼克松总统就不会是——用他自己的话说——"第一个输掉战争的总统"。我们要美国人民想一想，你怎样才能阻止在越南的美国士兵继续牺牲？你怎样才能纠正这个错误？[19]

而今天，克里（民主党/马萨诸塞州）议员、参议院外交关系委员会的主席，却忘记了自己的话，要求美国的儿女们去阿富汗战斗牺牲，只因这样民主党才能在恐怖主义和国家安全事务上表现得强硬。事情变化得越多，他们就更加一成不变。如果奥巴马总统领悟并遵循了约翰·昆西·亚当斯的独立日演讲，二等兵理查德就还会活着，美国也会免于外部袭击的威胁。

理查德及他所在的二排为之战斗的事业和信念都是美利坚共和国所唾弃的。他们可能深信不疑地认为自己应该远赴阿富汗去提倡民主和人权，一如大英帝国巅峰时期的英国士兵相信他们所自称的开化南非、阿富汗、印度、缅甸、尼日利亚等其他地方的使命。理查德为保护一群阿富汗人的自由而牺牲，这群人并不忠诚于美国，也从未做过什么有利于美国的事。相比之下，民兵们只为美国人战斗，他们不曾试图去解放大英帝国的其他臣民——包括加拿大人。

但是这并不意味着国父们当年会派遣美国的志愿军去帮助外国人反抗镇压获得解放。诚然，他们对法国的拉法耶特侯爵（Marquis de Lafayette）和波兰的卡齐米日·普瓦斯基（Casimir Pulaski）的军功推崇备至，但是一个是政府命令式的要求人们为外国民族冒生命风险，另一个是利他主义，对于二者国父们有严格的区分。如前所述，宪章文件大量地赞扬对政府的限制，正是出于国父们对政府的动机和智慧根深蒂固的怀疑。

国父们知道什么是不可知的。他们认识到要将像阿富汗那样的长期专制统治或部落文化转变为民主政体，所需要的知识远非人们的理解范围所能及。在所有的科学中，政治科学发育最为不良。而美利坚帝国相信在国家建设方面一切皆有可能，这是一种类似于永动机的信念，其后果更为恐怖。只有产生了灾难性的后果，人们才会麻木不仁地承认错误。理查德死后一年，也就是2010 年 4 月 14 日，美国军队关闭了卡林哥山谷的前哨基地，全部撤出山谷。可见，所谓为了援助当地居民而占领山谷不过是毫无意义的尝试。根据《纽约时报》，在该区域的作战"不仅没有打败叛乱分子，反而孕育了更多的叛乱。"[20]无知与傲慢操控着人们。福塞尔少校回忆自己在山谷里作战的情形时这样说道：

> 镇压的叛乱的所有意义在于通过保护当地居民的安全使阿富汗的政府合法化。但是卡林哥和魏格尔（Waygal）山谷的情况是，除了那小小的村落他们不认可任何政府，你走上去对他们说"我们想要保护你们，给你们提供一条道路。"他们会说"我们不想要什么道路"。我敢说你根本找不到一个想要外部援助的卡林哥人。[21]

他还说："我们满怀热诚，但是你对那里的文化并没有完全理解"，所以不可能做出正确的选择。[22]就为了国家吹嘘和骄傲的那种幼稚兴奋感，仅阿富汗战争的一小块区域里，就有包括理查德在内的 42 名勇敢的战士牺牲了。

理查德及其他倒下的战友为帝国而亡，帝国的行径完全不像美利坚共和国，反而更像乔治三世的君主统治：总统拥有无限制的战争决策权；军事委员会替代了民事法庭；人身保护法被否定；为根除即便微乎其微的对美国的威胁在全球作战；未经指控或审判便拘留嫌疑人；以国家秘密的名义保护违宪者；非法监听；总统签署声明；滥用酷刑逼供审问；特别引渡到第三国以实行酷刑；为高层政府官员的联邦重罪（例如虐囚或违反外国情报监听法案未经许可拦截美国本土民众的邮件或电话）提供遮掩，使其免受犯罪起诉，破坏了法治。

美国人民既是美利坚共和国之死、美利坚帝国之兴的元凶，又造成了列兵理查德之死的悲剧。美国宪法承认主权在"我们人民"手中。美国的政治和政策反映民意。人民并没有要求重建国父们所赞颂的美利坚共和国的实践和原则——有限政府、正当法律程序、个人不受干涉权、终止所有正在进行的对外军事干涉、结束条约承诺或军事基地。如果美国人民以手中的选票拒绝了帝国，就不会有民选领导人走上那条歧途。但是，美国人民已经对自由和自治的喜悦与责任漠不关心。他们印证了陀思妥耶夫斯基（Fyodor Dostoyevsk）在《卡拉玛佐夫兄弟》"大审判官"一章中的哀叹，人类会为了食物和安全急切地出卖他们的自由。

只有回过头来看看由国父们的天才智慧构建起来的美利坚共和国，才能认清今天的民众已拜倒在一个（national security state）全能总统权威之下，甘为臣子或农奴，这一权威的特点足以国家安全为中心的国家的兴起。古罗马政治家西塞罗教导我们："自由是指参与权力。"㉓

注 释

① Henry Wadsworth Longfellow, "The Landlord's Tale: The Midnight Ride of Paul Revere," *In the Poetical Works of H. W. Longfellow : Complete*, London: Dicks, 1868, pp. 181 – 182.

② Thomas Paine, *Common Sense*, New York: Peter Eckler Publishing Co.,

1918, p. 36.

③ Ralph Waldo Emerson, "Concord Hymn," 1836, *The Complete Works of Ralph Waldo Emerson: Poems*, Boston: Houghton Mifflin Company, 1918, p. 158.

④ U. S. Constitution. Preamble.

⑤ James Madison, "The Federalist 51: The Structure of the Government must Furnish the Proper Checks and Balances Between the Different Departments," In *The Federalist Papers* London: Penguin Books, 1987, p. 318.

⑥ Adam Smith, "An Inquiry into the Nature and Causes of the Wealth of Nations," In *Essays on Philosophical Subjects*, London: T. Cadell and W. Davies, 1795, p. 81.

⑦ Alexander Hamilton, *The Federalist Papers*, ed. Ian Shapiro, New Haven: Yale University Press, 2009, p. 19.

⑧ John Jay, "The Federalist No. 4: Concerning Dangers from Foreign Force and Influence," In *The Federalist Papers*, London: Penguin Books, 1987, p. 97.

⑨ John Quincy Adams, *Address on US Foreign Policy*, 1821.

⑩ Edmund Burke, "Remarks on the Policies of Allies with Respect to France," In *Reflections on the Revolution in France*, London: Penguin Books, 1968, p. 65.

⑪ James Madison, "Memorial and Remonstrance against Religious Assessments," In *The Writings of James Madison: 1783 – 1787*, London: GP Putnam's Sons, 1901, p. 183.

⑫ C. J. Chivers, "Pinned down, A Spirit to Escape Taliban Zone," *New York Times* (2009), http://www.nytimes.com/2009/04/20/world/asia/20ambush.html? pagewanted=1&_r=2 (accessed on April 22, 2010).

⑬ Greg Jaffe, "U. S. Retreat from Afghan Valley Marks Recognition of Blunder," *The Washington Post*, Thursday, April 15th, 2010, http://www.washingtonpost.com/wp-dyn/content/article/2010/04/14/AR2010041401012.html (accessed on April 15th, 2010).

⑭ Alissa J. Rubin, "U. S. Forces Close Post in Afghan 'Valley of Death'," *New York Times*, April 14, 2010, http://www.mytimes.com/2010/04/15/world/asia/

15outpost. html? partner = rss&emc = rss（accessed on April 15th, 2010）.

⑮ Greg Jaffe，"U. S. Retreat from Afghan Valley Marks Recognition of Blunder," *The Washington Post*，Thursday，April 15th，2010，http：//www. washingtonpost. com/wp - dyn/content/article/2010/04/14/AR2010041401012. html（accessed on April 15th，2010）.

⑯ Lolita C. Baldor，"Obama Advisor Downplays Threat of Al Qaeda Haven," *The Washington Times*（2009），http：//www. washingtontimes. com/news/2009/oct/04/adviser - afghan - government - must - do - better/? page = 2.

⑰ Associated Press，"More in US are Getting away with Murder," *MSNBC*，December 8，2008，http：//www. msnbc. msn. com/id/28116857/（accessed on April 17，2010）.

⑱ Letter to the Editor，"A Life of Worth, Overlooked," *Washington Post*，July 5，2009，http：//www. washingtonpost. com/wp - dyn/content/article/2009/07/04/AR2009070402024. html（accessed on April 17，2010）.

⑲ John Kerry，*Vietnam Veterans against the War Statement*，April 22，1971，http：//www2. iath. virginia. edu/sixties/HTML _ docs/Resources/Primary/Manifestos/VVAW _ KerrySenate. html（accessed on April 22，2010）.

⑳ Alissa J. Rubin，"U. S. Forces Close Post in Afghan 'Valley of Death'," *New York Times*，April　14，2010，http：//www. mytimes. com/2010/04/15/world/asia/15outpost. html? partner = rss&emc = rss（accessed on April 15，2010）.

㉑ 同上。

㉒ 同上。

㉓ John Henry Clippinger，*A Crowd of One：The Future of Individual Liberty*，Perseus Books Group，2001，p. 129.

第三章　国家宪章文件

　　四大宪章文件中凝聚了国父们无与伦比的先见和对人性的理解：独立宣言、美国宪法、乔治·华盛顿总统的告别演说与时任国务卿的约翰·昆西·亚当斯 1821 年的独立日演讲。综合起来它们就是美利坚共和国的政治哲学。它们认为美国的独有使命是严格遵循法治和分权，保护我们自己和后代自由的福祉，美国不是要成为一个以武力或武力威胁控制、支配他人的帝国。因为后者会将无限制的权利和保密集中于一个君主式的总统之手，与共和国的目的背道而驰。最后，这些宪章文件——尤其是告别演说——支持美国对所有国家保持中立，并放弃先发制人的战事。

　　华盛顿总统告别演说教导美国应该建立起足够威慑外国攻击的防御力量，与此同时避免卷入政治纠纷。尽管国际政治版图发生变化，美国的地缘扩张横跨北美大陆及海外，也没有一个字显示出华盛顿会将共和国变为一个全球的军事巨兽。今日美利坚帝国的拥护者会将他的箴言贬低为"孤立主义"：

　　　　我们处理外国事务的最重要原则，就是在与它们发展商务关系时，尽量避免涉及政治。我们已订的条约，必须忠实履行。但以此为限，不再增加。欧洲有一套基本利益，它对于我们毫无或甚少关系。欧洲经常发生争执，其原因基本上与我们毫不相干。所以，如果我们卷进欧洲事务，与他们的政治兴衰人为地联系在一起，或与他们友好而结成同盟，或与他们敌对而发生冲突，都是不明智的。[①]

显然，华盛顿有意排除了这样的观点——因为比起民主政权，专制统治或帝国更有可能对美国发动战争，所以美国应该动用军队推翻专制统治，努力建立民主政权。他记得独立战争的对手便是当时世界上最民主的国家，他更清楚与不影响美国主权的外国争端保持疏远在道德上和实用性上都势在必行。在他看来，对美国而言，与法国此前的政府相比，更独裁的拿破仑帝国兴起并不是什么更大的威胁。

华盛顿将在任何冲突中保持国家中立、以无人能及的国家防御力量威慑外敌入侵视为美国军事政策的全部内容（尽管他承认在某些情形下选择的战争可能也是合适的）。他绝没有暗示说为了防止渺小的威胁演变成真正的危险，美国应该在海岸的千里之外发动战争。他否认了所谓好的进攻即最好的防御这一邪说。他从未思忖过美利坚帝国先发制人战争的原则：

> 我国独处一方，远离他国，这种地理位置允许并促使我们奉行一条不同的政策路线。如果我们在一个称职的政府领导下保持团结，在不久的将来，我们就可以不怕外来干扰造成的物质破坏；我们就可以采取一种姿态，使我们在任何时候决心保持中立时，都可得到它国严正的尊重；好战国家不能从我们这里获得好处时，也不敢轻易冒险向我们挑战；我们可以在正义的指引下依照自己的利益，在和战问题上作出抉择。

我们为什么要摒弃这种特殊环境带来的优越条件呢？为什么要放弃我们自己的立场而站到外国的立场上去呢？为什么要把我们的命运同欧洲任何一部分的命运交织一起，以致把我们的和平与繁荣，陷入欧洲的野心、竞争、利益关系、古怪念头，或反复无常的罗网之中呢？

我们真正的政策，乃是避免同任何外国订立永久的同盟，我的意思是我们现在可自由处理这种问题；但请不要误会，以为我赞成不履行现有的条约。我认为，诚实是最好的政策，这句格言不仅适用于私事，亦通用于公务。所以我再重复说一句，那些条约应按其原意加以履行。但我觉得延长那些条约是不必要，也是不明智的。[②]

华盛顿有意回避任何形式的新军事联盟。其总统任内，美国没有签署任何类似于北约的防御条约，在英法战争中保持了中立。与其他国父们一样，他担心军事联盟会腐蚀共和国的哲学灵魂。他们清楚，典型的外国领导人可以与耶稣共进最后的晚餐，次日清晨又会与彼拉多[③]共进早餐却不受良心谴责。

至于对外经济交往，华盛顿总统坚决反对图谋以军事力量或其他方式获取特殊的好处、掌握所谓的战略性物资。中立、公正无私是他的格言：

无论就政策而言，就人道而言，还是就利害而言，我们都应当跟一切国家保持和睦相处与自由来往。但是甚至我们的商业政策也应当采取平等和公平的交易，即不向它国要求特权或特惠，亦不给予它国以特权或特惠；一切要顺事物之自然而行；要用温和的手段扩展商业途径并作多种经营，绝不强求；与有此意向的国家订立有关交往的习用条例，俾使贸易有稳定的方向，我国商人的权利得以明确，政府对他们的扶助得以实现，这种条例应为现时情势和彼此意见所容许的最合理的条例，但也只是暂时的，得根据经验与情势随时予以废弃或改变；须时时谨记，一国向他国索求无私的恩惠是愚蠢的；要记住，为了得到这种性质的恩惠，它必须付出它的一部分独立为代价；要记住，接受此类恩惠，会使本身处于这样的境地：自己已为那微小的恩惠出同等的代价，但仍被谴责为忘恩负义，认为付得不够。期待或指望国与国之间有真正的恩惠，实乃最严重的错误。这是一种幻想，而经验必可将其治愈，正直的自尊心必然会将其摈弃。④

华盛顿从未暗示说为了发展国家经济，保护使用所谓战略性物资的权利，或迫使其他国家拥抱自由贸易、摒弃重商主义，美国应该诉诸武力。

宪章文件认识到健康的经济并不要求某种全球军事部署来预先阻止关键资源短缺造成可能的禁运或出口控制，或其他国家间战争导致的贸易模式中断。1776～1846年，在没有建立一个美国海外军事基地的前提下，美国的经济繁荣发展着。从1789年华盛顿任总统到1844年波尔克（James K. Polk）总统的任期，美国的经济与对外贸易一起飞速增长。外国的战争没能扼杀美国的经济增长，美国也并没有丧失任何一种重要资源。走私、贿赂、捐客总能使任何国家避免丧失某些表面上关键的资源或武器。1794～1815年的拿破仑战争期间、1810～1829年中美洲和南美洲反抗西班牙和葡萄牙期间，美国经济呈奔腾之势，它也并未失去获取必需物资的渠道。美国没有因为缺席海外的战事而被排除在国际贸易之外。

在 1821 年的独立日演说中，时任国务卿的约翰·昆西·亚当斯出色地总结了共和国坚定不移地遵循着华盛顿告别演说、独立宣言以及美国宪法这些文件中所阐释的哲学原则。通过列举历年来美国在国际上的成就，亚当斯热情地捍卫称，美国坚决拒绝使用武力向非美国的公民扩散自由：

> 迄今为止美国为人类的福祉贡献了什么？
>
> 我们的答案应该是这样：美国，以宣称自己立国的声音，向全人类宣告人性同等的权利，平等成为政府唯一合法的基础。在众多国家的集会中，尽管经常无果，但是美国自立国始从未放弃向它们伸出忠诚的友谊之手、平等自由之手、慷慨互惠之手。
>
> 她一直在向它们诉说同等的自由、公正和权利，这些国家却很少留意细听甚至对此轻蔑不已。
>
> 在过去的近半个世纪里，美国毫无例外地尊重每一个国家的独立，同时坚持和维护自身的独立。
>
> 她不去干涉他国的事业，即便有时候冲突涉及她坚守的原则，即便她视那些原则如心脏跳动的最后一滴血。
>
> 她可能意识到未来的世界中，血流成河的欧洲世界里的争夺对象将会变根深蒂固的权力和新兴的权利。
>
> 无论自由与独立的标准曾经或将会在哪里呈现，那里一定会有她的心跳、她的祝福与祈祷。
>
> 但是她不是去海外寻歼妖魔。
>
> 她为一切民族的自由独立衷心祝福，
>
> 却只是本国自由独立的斗士和捍卫者。

对于一般人的事业她只能表示声援，或作为表率的仁慈同情给予支持。

她明白自己一旦投入到其他国家而不是自己国家的旗帜之下，即便那是争取独立的事业，她也会陷入打着自由旗号，盗用自由名义，实际上却因利害冲突和阴谋诡计或因个人私欲、妒忌和野心而起的各种战争而无法自拔。

她所奉行的政策的座右铭就会不知不觉地从自由变为暴力。她眉间闪烁着的那妙不可言的自由与独立的光芒将被帝国的王冠所取代，那虚伪而黯淡的光泽正是支配与权力的阴沉之色。

她可能会成为世界的独裁女王并失去自己的精神。

美国的荣耀在于自由而非统治权。她的进步是思想的进步。她兼具矛与盾：而盾上的格言是自由、独立与和平。这也是她的宣言；在与其他国家必要的交往所允许范围内，这也是她的实际行动。⑤

从实现独立到 1846 年的墨美战争，美国一直很重视宪章文件。这段共和国的黄金岁月里，美国从未想过或渴望过拥有一支强大的军事力量，去推翻奥斯曼帝国、法国波旁王朝、俄罗斯罗曼诺夫王朝或其他任何专制的政权。美国也没有代表希腊人参与从 1821 年开始的为争取从奥斯曼帝国中独立的战争。在中美洲和南美洲反抗西班牙和葡萄牙的殖民统治之时，美国也没有提供军事援助。尽管独立宣言承认被压迫人民反抗专制的普遍责任，面对外国对他国的不公正和奴役行径，共和国还是作壁上观。它只是将自身作为榜样般的例证，并对他们予以同情。

自由在宪法中居最高地位。国父们确信，任何试图以军事力量向外传播自由的努力必将削弱美国人民的自由，那样的使命会将所有权力集于总统一人，每一种自由都会从属于国家安全的叫嚣。西塞罗教导我们："战争一开始，法律就沉默。"⑥战争使得一些在平常是谋杀的行为合法化。人身保护权暂时被废，秘密往往透明公开而非大行其道，言论、出版、结社自由和正当法律程序常常受到侵犯。

麦迪逊目睹了美国与法国1789年的准战争状态是如何导致了筹划拙劣的《客籍法和惩治煽动叛乱法》的诞生——该法案以联邦党多数获得国会通过，由约翰·亚当斯总统签署生效。惩治煽动叛乱法将批评总统或国会视为犯罪，因其公然违反了第一修正案（同时讽刺地排除了对担任副总统的民主共和党人托马斯·杰弗逊的口头攻击）。该法案规定惩罚：

"任何书写、印发、发表、出版任何反对、丑化、中伤美国政府、国会或总统的虚假、诽谤和恶意的文字或言论，使他们被人蔑视、声名狼藉，或是有意协助做这些事情的人，还有那些煽动美国良好公民对他们的仇恨的人"⑦

按该条法令，25人被逮捕，他们主要都是反对党（民主共和党）报纸的编辑们。多家报社被迫关闭。⑧客籍法中有一条《外侨朋友法》，赋权总统驱逐任何他认为"对美国的安全与和平造成威胁"的外籍居民。⑨主要是针对一些法国难民和爱尔兰移民，因为他们参与了反对亚当斯政府的政治示威。⑩尽管联邦党人已经备好驱逐出境的人员名单，亚当斯总统克制住自己并没有签署任何一份驱逐令。当国内政治环境变得对法国人充满敌意，大多数的法国居民都逃离了美国。

如此专横的立法激起了托马斯·杰弗逊和麦迪逊的抗议，二人分别在肯塔基与维吉尼亚提案中发表劝诫。在后一个提案中，麦迪逊这样指责客籍法：

> 还能以不那么明确、特定而精准的术语来赋权吗？危害公共安全、涉嫌谋逆政府：这些从不可能被误解为法律规则或某些定义。这些术语使得总统可以全权定夺，他的意志便是法律。

> 然而总统拥有的还不仅仅是立法权，他还位居司法之位，他的怀疑是判罪的唯一证据：他的命令是唯一能执行的判决……因此，我们可以毫无疑问地断言，该法案将立法权与司法权集合于行政者一身。⑪

麦迪逊亲历《客籍法和惩治煽动叛乱法》的出台，作为对国外危险的一种回应，它表面上打着国家安全的幌子，麦迪逊由此总结："如果我们国家落入他人手中，必定是祸起萧墙。""若专制与压迫笼罩这片土地，也定是伪装成对抗某个外敌。"⑫

然而，共和国的三权分立与政治文化很快纠正了这种粗暴的法案。拒不屈服的民主共和党人严厉地批评该法案，本杰明·富兰克林（Benjamin Franklin）之孙富兰克林·贝奇（Franklin Bache）因违反惩罚叛乱法的规定被捕入狱，此举激起了民愤。⑬日益增多的国内抗议使得阿比盖尔·亚当斯（Abigail Adams）夫人开始担心丈夫的安全。总统本人担心发生骚乱，而"极端联邦党人（党内与亚当斯阵线不一致的极端保守势力）担心发生法国那样的血腥革命"。⑭联邦党人立法的压迫性导致了他们最终的没落。

按条款，该法案于 1801 年过期，因为联邦党人无意保护新任总统杰弗逊免受谩骂；而杰弗逊及其支持者也无意报复其政治对手的专横。按照该法案一共提起了 11 份控告。后来国会为践踏了言论自由而道歉，并投票表决为法案的受害者提供补偿。杰弗逊总统赦免了该法案下的所有定罪判决，并终止了正在进行中的起诉。美国最高法院在"《纽约时报》诉沙利文案"中判定该法案违宪，而历史的判决亦然。

约翰·亚当斯这样一位国父中的佼佼者，也会借着国家安全的旗帜签署一项公然违宪的法案，这正说明了宪法之父们将战争权交予国会而非行政机关的良苦用心。他们意识到为了保证政治上的民众支持，总统会屈服于并滥用战时权力，进而捏造冲突的借口。在给托马斯·杰弗逊的信中，麦迪逊写到宪法"提出了所有政府的历史所揭示的假定，即行政机关是所有权力机关中对战争最感兴趣且最易卷入战争的。因此经过细致的研究，它将战争的问题交予立法机关"。⑮

与总统不同，国会议员没有参战的动机。议员们不是三军总指挥官。他们不会因战争获得荣誉的桂冠，不会赢得声望、钱财，不会拥有保密、职位或是寻求改变世界的兴奋感。他们也不会拥有非常时期的权力来冻结财产或拘留不受欢迎的政治上的少数派。富兰克林·罗斯福总统在"二战"期间将 120 000 名日裔美国人赶入集中营，此举为他赢得了政治上的奖赏。

所有这些总统在战时拥有的硬权力对总统而言是无法抵挡的诱惑，它们激励着总统夸大危险来为战争正名，欺骗国会和美国人民以获取他们对军事冲突的批准或同意，操控现实以证明交战状态是合理的。统治世界、万古流芳的前景总是引诱着总统，凯撒大帝式的吹嘘——我来，我见，我征服也萦绕耳畔。正是如此，宪法之父们才规定国会——而非总统——为唯一合法发动战争的机构。

若总统欺骗国会宣战，依据宪法众议院有权弹劾总统，参议院有权判决并解除总统职务。在北卡罗来纳州宪法批准会议上，詹姆斯·爱尔德尔（James Iredell）坚持要求若总统为诱导国会支持战争或其他行为而向国会隐瞒信息，而国会若知道真相是绝不会同意支持这些行为的，那么总统就该遭弹劾。在利特尔诉巴列姆案（1804 年）中，美国最高法院支持在战争与和平事务上国会凌驾于总统之上的最高权力。首席大法官约翰·马歇尔（John Marshall）称在美国与法国处于准冲突状态时，亚当斯总统以总司令的身份逮捕一艘离开海外港口的美国船只，此举当为越权。因为国会仅授权堵截驶离美国的船只，而国会有最终发言权。在布朗诉美国政府案（1814 年）中，马歇尔大法官进一步明确，战争开始时，仅国会有权下令没收敌方在美国的财产，这不是作为三军总司令的总统能行使的固有权力。

19 世纪早期与北非伊斯兰地区的国家之间的冲突并未违背宪章文件中确立的中立、抵御外国进攻和国会在国家安全事务上享有至高无上的权力的原则。派遣军事力量是为了终结海盗这一全球罪行，而不是为了向北非扩散自由或是取得打败贸易竞争对手的经济优势。不是美利坚共和国而是北非伊斯兰国家首先宣布战争、显出敌意的。为保护公开的海上航线，国会颁布了九条法令授权杰弗逊总统使用军事力量对抗北非伊斯兰国家。取得国会授权后，杰弗逊与麦迪逊才动用军事力量来保护美国公民、为美国的中立商业保驾护航。

1803 年路易斯安那购地案并未藐视宪章文件。购得的区域

（分属于现在的 14 个州）都有自治政府，拥有州的地位，在国会和白宫也都有代表。购地并不是追求支配或征服新的臣民。

1812 年的战争也符合宪章文件的精神。1812 年 6 月 19 日，麦迪逊总统在国会授意下正式宣布对英开战。在要求立法机关批准战争状态时，麦迪逊这样说道：

> 美国应该继续保持被动（不采取任何行动）……还是为捍卫国家权利而兵戎相见地抗争？美国是否应该将一个正义的事业全然托付于全能的造物主之手？宪法明智地将这一严肃的问题委托给政府的立法部门。鉴于先辈的审慎，我十分愿意向大家保证，一个正直、自由、强大的国家里开明而爱国的委员会值得作出这一决定。⑯

美国宣战是对英国屡屡侵犯美国公民、美国主权和商业的回应。英国海军一度强行征用或绑架美国的海员，破坏美国的中立，封锁美国港口，英国还拒绝撤销阻止海外船只在美国贸易的禁令。1812 年的战争既不是进攻性的也不是先发制人的。

宪章文件拥护阳光下的政府，责备秘密政府。宪法文献中不曾提及行政特权或国家秘密。决定暴露阿瑟·圣克莱尔（Arthur St. Clair）远征的崩溃也体现了国会对《告别演说》精神最初的忠诚。⑰华盛顿总统只坚持过一次行政特权，那是为了拒绝向众议院提供他此前提交参议院的条约谈判文件。

"9·11"之后美利坚帝国一度登峰造极，小布什总统拒绝允许总统顾问出席国会听证会回答问题或回应提供文件要求。奥巴马总统拒绝允许其社交秘书出庭指证白宫攀龙附凤的不速之客。在国内事务上，没有国会审计，美联储却花费了上万亿美元。行政机关本应公开透明，却已经被假定为就该神神秘秘。对于行政机关所做的多少不为人知的事情，美国人民和国会史无前例地知之甚少，却不以为意。

詹姆斯·门罗（James Monroe）总统在 1823 年 12 月致国会的国情咨文中，赞扬阳光政府是自治的精髓，也能矫正政府别有用心的误判：

> 我们的主权仅供人民所有，因而有必要在重要问题上给他们提供详尽的信息，以便他们充分行使那一至高权力。如果被蒙在鼓里，他们就一定无法胜任。我们所有人都容易犯错，而负责管理公共事务的人就更容易受刺激，特定的利益与激情会将他们引入歧途，可是在家里追求自己平凡爱好的选民们十分镇静，他们旁观者清，与这些事件和党派行为又利益攸关。对人民而言，政府的每个部门、部门中的每个人都该负责任，他们获取的信息越详细，就越能更好地判断政府奉行的政策及其相关行为是否明智。他们不带偏见的评判能给政府很多帮助，同时他们的赞许也是对正直的行为最好的鼓励和最令人欣慰的奖赏；而对他们的谴责有所忌惮也极大地避免了滥用人民的信任。在所有关键问题上，他们的利益是相同的，这加强了情感上的契合。只要他们更了解公共事务的真实状况——尤其是众说纷纭的猜测中，他们的情感团结也会相应地增强。[18]

在共和国的黄金岁月，政府官员从未以国家机密特权作掩护拒绝在民事诉讼中承担犯罪的法律责任。这项特权诞生于联邦最高法院的托滕诉美国政府案（1875 年），当时法院认为从事间谍活动的政府合同内含保持合同机密性的义务。因此，不能提起强制执行间谍协议的诉讼。托滕案并未涉及机密文件、向国会隐瞒信息或违宪行为。另外，违约的名声会让政府失去诚实而能干的间谍人员，所以政府鲜有拒绝合同义务的动机。而美利坚帝国中的国家秘密特权阻挠着对行政官员违法行为的纠正，使得这样的行为反复上演。

1807 年有名的以叛国罪控告副总统亚隆·伯尔（Aaron Burr）的案件中，其政治劲敌杰弗逊总统坚决认为罪名成立，马歇尔大法官判定在总统发出和收到的信息上，总统没有任何绝对的特权。他认为刑事被告人是否享有宪法权利检查所谓与总统的辩白交谈，最终决定权在法庭。大法官宣布只有在仔细地审查过交谈视频后才能做出司法裁决。是否下令公开视频取决于交谈和国防的关联程度，且隐含让行政机关尴尬的隐患。最终决定都在法官，而非总统。

国会一丝不苟地审查了美国第二银行，以及安德鲁·杰克逊（Andrew Jackson）总统是怎样不受行政特权的约束让第二银行变得岌岌可危的。1834 年，参议院根据调查结果，申斥杰克逊总统："决议总统在最近有关公共岁入的行政行为中，将不是宪法和法律授予的权威和权力集于一身，有损宪法和法律威严。"[19]

根据宪章文件，美利坚共和国不论政治倾向，对所有国家都采取温和、中立的政策。它没有按照自己的形象重建世界的野心。宪法之父们相信人类行为的至善——自由之真谛在于参与制定公正管理的法律，无论以个人还是集体的形式参与，无论以直接还是以代表形式间接参与。他们一定会觉得"美国偶像"与超级碗比赛都是胡扯。

国父们意识到人类本能地会将武力征服并统治世界与伟大联系起来。他们强烈地反对这种幼稚的国家目标概念。他们相信权力本身是一个没有价值的目标，就好比一头狮子想要成为丛林之王。他们赞扬克制与谦逊的美德，华盛顿不考虑建立君主政体集中体现了这一点。能保护自己和后代自由的福祉，他们就心满意足，他们也知道要达到这个目的，受过教育的、成熟的公共意见是不可或缺的。

宪章文件的寿命短暂，第一代政治领导人逝世或黯然失色以后，总统追求荣耀和权力，共和国开始蠢蠢欲动发起战争。政治文化开始大肆鼓吹天定命运，它为美国控制、支配世界激励人类提供了理由。1846～1848 年墨美战争之后，共和国向帝国的堕落时快时慢，但从未停止。最后一次严重的抗议发生在 1848 年，众议院以 85：81 的票数申斥波尔克总统发起冲突是"没有必要且违反宪法的"。

尽管宪章文件中的思想清晰易懂、颇具远见，但是美利坚帝国的领导和人民却持抵制态度。任何对盛行的思维方式或既定的经济、政治利益的挑战都会引发焦虑或警惕。按照宪章文件，美国若是结束所有的国际军事介入、撤走在超过 135 个国家的驻军和军事顾问（包括伊拉克、阿富汗、巴基斯坦、也门、德国、日本、韩国和古巴关塔那摩海湾），就会变得更安全、更自由、更富有。不过在国外撤军会损害军工复合体的经济利益，冒犯大量的军事、政治和学术人员。后者是既定利益的堡垒，他们会强烈地要求保留甚至扩大反恐的军事姿态，以增加自己的私人利益。想想国会议员和私人军火供应商长期以来是如何鼓吹连五角大楼都嫌多余的武器系统的，他们挥霍浪费，与国家安全也并不相干。

总之，忠实于宪章文件意味着彻底修整我们国家的国家安全战略。所有的美国海外驻军都要撤回；使美国担负起为其他国家提供防御义务的所有条约和行政协议，包括联合国宪章，都要废除；国会能了解行政机关手上细枝末节的信息和建议；结束所有先发制人的战争或针对非国家行为体的战争；对所有国家保持严格中立，在美国周围建立起牢不可破的防御带，拥有保证毁灭任何进攻者的压倒性的反击能力，方是正道。

注　释

① George Washington, *Farewell Address to the People of the United States*. September, 1796 (Washington：Government Printing Office, 1862), p. 10.

② 同上。

③ 钉死耶稣的古代罗马的犹太总督——译者注。

④ George Washington, *Farewell Address to the People of the United States*. September, 1796 (Washington：Government Printing Office, 1862), p. 11.

⑤ John Quincy Adams, July 4th Address, Washington D. C., 1821.

⑥ 拉丁语为 "Interarma silent leges." Marcus Tullius Cicero, *Pro Milone*, 52 B. C.

⑦ *The Alien Act*, July 6, 1798；Fifth Congress；Enrolled Acts and Resolutions；General Records of the United States Government；Record Group 11；National Archives.

⑧ Bill Ong Hing, *Defining America through Immigration Policy*, Philadelphia：Temple University Press, 2004, p. 18.

⑨ 同上。

⑩ 同上。

⑪ Edwin Williams, *The Book of the Constitution：Containing the Constitution of the United States*, New York：Henry Mason, 1833, p. 58.

⑫ Alexander Hamilton, John Jay, and James Madison, The Federalist Papers (University of Virginia, 1788), Section 10, Electronic Text Center, http：// etext. lib. virginia. edu/toc/modeng/public/HMJFedr. html （accessed on January 29, 2010）.

⑬ Edwin Williams, *The Book of the Constitution*：*Containing the Constitution of the United States*, New York：Henry Mason, 1833, p. 58.

⑭ "John & Abigail Adams：The Alien and Sedition Acts," *PBS*, August 26, 2005, http：//pbs. org/wgbh/amex/adams/peopleevents/e＿ alien. html （accessed on April 22, 2010）.

⑮ James Madison, Letter to Thomas Jefferson, April 2, 1797.

⑯ James Madison, *Abridgement of the Debates of Congress*, *From 1789 to 1856*, New York：D. Appleton and Company, 1857, p. 554.

⑰ 1791 年 11 月 4 日在西北地区的一次惩罚性远征，又称阿瑟·圣克莱尔的溃败、"哥伦比亚大屠杀"或"沃巴什河战役"，这是美国历史上败在印第安人手下最惨的一次，约 623 个美国士兵杀死了大约 50 个印第安人。

⑱ James Monroe, *State of the Union Address*, December 2, 1823, In*State of the Union Addresses*, Kessinger Publishing, LLC, 2004, p. 64.

⑲ United States Senate, "1801－1850, January 16, 1837, Senate Reverses a Presidential Censure," http：//www. senate. gov/artandhistory/minute/Senate＿ Reverses＿ A ＿ Presidential＿ Censure. htm （accessed on April 14th, 2010）.

第四章　美国堕入帝国之渊
——从墨美战争到第二次世界大战

时光荏苒，共和国的宪章文件逐渐失去了对美国人民的吸引力。一种崇尚统治、行动与地位本身的肮脏幼稚的文化取而代之。立国时代以后，平等主义和普通人取代了功勋贵族制和天才人物，成为这个国家的鲜明标志。这种令人担忧的堕落表现在这个国家的政治与非政治领导人身上，他们具有平庸，甚至更糟的特征。因而，阿历克西·德·托克维尔（Alexis de Tocqueville）才会在1831年写《论美国的民主》时感叹道："显而易见，半个世纪以来，美国的政治家世家大大减少了。"①

《独立宣言》的签署者与宪法之父——华盛顿、富兰克林、亚当斯、汉密尔顿、杰弗逊、麦迪逊、梅森、亨利、威尔逊、伦道夫等人都接受过优良的教育，能悟道哲学。《联邦党人文集》和《国会纪事》部分地体现了他们的博学多才。知名政治家、四度出任英国首相的格莱斯顿勋爵认为"美国宪法是迄今为止，在特定的历史时期人类智慧和意志所创造出的最美妙的杰作。"②约翰·亚当斯称宪法"即便不是对人类理解力最伟大的运用，也绝对是前所未见的国家立法的重大成就"。③托马斯·杰弗逊也认为宪法"无疑是人类所见的最富有智慧的杰作"。④

国父们清楚人类之所以区别于动物，正是依据正当法律程序、言论自由、法律面前平等的原则进行自治的能力。他们的领导激励了一种卓越的共和制文化的蓬勃发展，这远不是群龙无首的普通民众——张三、李四能企及的。共和国的文化教导人们：尽管会有错误和失误，指定主权在民仍优于安然隶属于不切实际的永不出错的保护者；谦逊与非交战状态优于支配或征服；行动之前理应思考；国家伟大的标志应该是自由、正当法律程序和正义。詹姆斯·麦迪逊在联邦党人文集第 51 篇中写道："正义是政府的目的。正义是人类社会的目的。无论过去或将来始终都要追求正义，直到获得它为止，或者直到在追求中丧失了自由为止。"⑤约翰·斯图尔特·密尔（John Stuart Mill）这样论述宪法的精神："做一个不满足的人，胜过一只满足的猪；做一个不幸的苏格拉底，胜过做一个满足的痴人。若痴人或猪有不同的意见，那也是因为在这一问题上它们只知道自己的那一面。"⑥

另外，国父们提议，美国不愿做殖民地也不会做殖民者。他们同意爱德华·吉本（Edward Gibbon）在《罗马帝国兴衰史》中的观察："违背遥远的国家、外族的意愿和利益，逼迫他们遵从自己，这是最不利于自然和理性的。"⑦意图强制服从将造成军事和经济资源的浪费，激起本地民族的强烈憎恨感，使之与占领国为敌。

国父们的继承者逐渐一代不如一代，接受的教育不够、对非凡的天赋和治国之才充满疑虑和不屑。他们的行为和野心影响着成年人与青少年。无知者满足于支配他们的权力，除了对名声、金钱和性最原初的欲望，他们不能寻找到更高的人生目标。共和国高尚的领导者们曾经以身作则或劝诫诱导着民众不要耽于欲望和享乐，如今只剩下不是领导的领导人一边刺激一边劝解普通百姓的兽性本能。

这种政治文化的变化来自值得赞扬的社会平等化努力，包括分散政治权力、非歧视与法律面前的平等正义。经销权扩大到非财产拥有者便是最好的说明。不幸的是，其结果却是平等主义主宰了文化，平庸与最低等的普罗大众展示出最为丰富的政治、经济与文化回馈。

1832 年，安德鲁·杰克逊当选为总统，接任博学精明的约翰·昆西·亚当斯总统，立国一代中最后一位入主白宫的总统也最终离去。杰克逊是一个粗鲁无知的人，虽然军功显赫，却亵渎了人身保护、正当法律程序和人民至上的伟大法令，劣迹斑斑。他宣扬无知的农民可以和最富智慧的苏格拉底与梭伦一样熟练地履行政府职责。他的政治领导和对公民的态度就是一个典型的粗鲁边远居民形象：出生于小木屋，打过印第安人，喝过烈性酒。随声附和民众意见的政客为人称道，真正能领导、告知并劝服民众的明智、谦逊而谨慎的政治家被人们嗤之以鼻。这个阶层最后一批人有丹尼尔·韦伯斯特（Daniel Webster）、亨利·克莱（Henry Clay）、约翰·凯尔宏（John C. Calhoun）和汤姆斯·哈特·本顿（Thomas Hart Benton）。

紧随杰克逊之后，一群碌碌无为的人——马丁·范布伦（Martin Van Buren）、威廉·亨利·哈里森（William Henry Harrison）、约翰·泰勒（John Tyler）、扎卡里·泰勒（Zachary Taylor）、富兰克林·皮尔斯（Franklin Pierce）、詹姆斯·布坎南（James Buchanan）——相继成为总统。哈里森的竞选口号——蒂珀卡努和泰勒[®]——便是政治文化向幼稚状态回归的缩影。除去

亚伯拉罕·林肯总统，整个 19 世纪白宫里的主人都是些平庸之辈
〔安德鲁·约翰逊（Andrew Johnson）、尤里西斯·辛普森·格兰
特（Ulysses Simpson Grant）、拉瑟福德·伯查德·海斯（Ruther-
ford B. Hayes）、詹姆斯·A. 加菲尔德（James A. Garfield）、切斯
特·艾伦·阿瑟（Chester A. Arthur）、格罗弗·克利夫兰（Grover
Cleveland）、本杰明·哈里森（Benjamin Harrison）、威廉·麦金
莱（William McKinley）〕，若他们参加 1787 年的制宪会议，一定
不会有什么太大贡献。公众对宪章文件越发无知，美利坚共和国
开始让位于帝国，其军事侧影逐渐清晰。

　　1823 年门罗主义的出台代表着共和国的第一道裂缝。它警告
欧洲国家不要再觊觎美洲，并隐隐约约地威胁如果欧洲国家无视
这一告诫，美国会诉诸战争。而《告别演说》支持严格的中立和
令人敬畏的防御力量，不主张将国家的防御线扩大到边境之外。
如果阿根廷和委内瑞拉分别从西班牙的殖民统治中解放出来以
后，法国意图对其进行殖民，华盛顿总统也不会考虑诉诸战争。
从表面上看门罗主义在任何事情上都是含混不清的，出台之初，
加拿大还是英国的殖民地，古巴是西班牙的殖民地，而这两个殖
民化的行为都没有威胁到美国的主权或繁荣。

　　"天定命运"思想的出现亵渎了宪章文件，这是一种以武力
征服统治其他国家的委婉说法。这一信条源自约翰·奥沙利文
（John O'Sullivan）的作品，他是一位颇有影响力的美国记者，也
是《美国杂志和民主评论》的创刊主编，他鼓吹 19 世纪 40 年代
美国的领土扩张。⑨1845 年，奥沙利文撰写《兼并》一文，聚焦
得克萨斯和加利福尼亚合并到美国的问题，称其他国家在干扰该
区域的事务：

（这些国家）为着公开承认的目标，即阻挠我们的政策，束缚我们的权力，限制我们变得更伟大，抑制我们在天意指定的大陆上实现天定命运，阻止我们年复一年迅速增加的财富自由发展……盎格鲁撒克逊的脚步已经到达加利福尼亚的边境。盎格鲁撒克逊移民的先行部队势不可挡，已经纷纷涌入当地……离大西洋和太平洋的帝国再一次融为一体的日子已经不远了……⑩

奥沙利文在 1845 年 12 月 1 日的《纽约晨报》社论中进一步展现出天定命运观强硬扩张的政策精髓。他撰文称美国有神圣的权利从加拿大吞并俄勒冈县，因为美国已经证明它更善于通过发展和启蒙来开化边疆。社论还宣称美国有责任保护世界上每一个国家免受欧洲国家的支配。奥沙利文认为美国命中注定肩负带领人类进步的使命。它不能满足于宪法中要求的使命，仅仅保护我们自己及后代的自由福祉是远远不够的。他坚信是上帝指定美国去全球——或者至少是在西半球——消灾排难的。他所使用的语言就是当年教皇鼓动十字军东征解放耶路撒冷的派生物。它继续存在于美利坚帝国的精神中，奥巴马总统坚持为防止大屠杀或类似的暴行，美国有责任在世界各地进行干预，为保证世界上每个角落的和平，美国必须使用战争这一武器。而在萨拉·佩林（Sarah Palin）看来，奥巴马的这种视野还是过于有节制、不够自信的。

奥沙利文的社论这样写道：

明智而仁慈的主指引着我们前进的方向，滋养着我们的成长，增补着我们的精力，每天还不断赐予我们全新的福祉。然而除此以外，难道我们没有什么需要完成的"使命"吗？难道我们有特权可以对人类的不幸、错误以及自我贬斥视而不见、充耳不闻、无动于衷吗？难道除了自我享受我们就不知道也再没有其他追求了吗？难道我们应该对欧洲的君主们说就留给我们北部边境的湖区、西部边境的落基山区，其他的都拿走吧，去填满你们日益增长的贪欲，以严酷的惩罚统治广袤的土地，压制那里对自由的第一次呼唤？还是应该以信念之眼专注于闪耀的未来，内心满怀对人类的热爱，质问英国和其他国家，你们何须三千英里之外人类在新世界传承的这片土地？难道我们不该对他们说：我们必须为文明的人类和自由的机构保卫这片土地，我们保持开放，欢迎任何愿意的人们过来定居，包括你们的臣民，让他们和我国人民一样呼吸免税的空气。我们拥有的特权与优势要求我们身负公正的责任，我们有义务将上帝慷慨赠予的福祉扩散到整个人类。⑪

对国父们的记忆逐渐消逝，很少有领导人或知识分子反对天定命运而支持宪章文件。有一个例外，那就是威廉·埃勒里·钱宁（William E. Channing），他是开国之父一辈人的追随者。1837年致亨利·克莱（Henry Clay）的一封信中，他这样写道：

这个国家自己知道它需要立即控制对领土扩张的激情吗，还是在有意利用自知之明来获利？……我们是一个不安分的民族，易于入侵他国、对平常的进步规律没有耐心……我们吹嘘自己飞速的增长，却忘了在整个自然界高贵的增长都是缓慢的……我们是时候给自己严肃而决绝的限制了。占据一片足以维系多年增长的疆土，我们是时候停止兼并与征

服了。我们的伟大已经威胁到了自己，继续前进只会迫切地
危及我们的制度、团结、繁荣、美德与和平。⑫

尽管钱宁有所警告，"天定命运"——一个背离宪章文件的
信条——还是成了美国的国家安全和对外政策的规划原则。美利
坚帝国势不可当：雄心壮志拯救全人类于暴政之中；深信这是神
圣的主之所愿；坚信美国在道德上、政治上、经济上和文化上都
比其他国家优越；渴望统治世界。美国不再满足于以榜样的力量
影响世界，以身作则被视为缺乏兽性的雄风，而男子气概才是今
日美国人眼中一个健康的文明应有的特点。

天定命运的帝国主义鼓点回应了巅峰时期大英帝国的主题
曲。1897 年维多利亚女王登基五十周年庆典之后，丘吉尔第一次
发表了政治演说，指责那些预言帝国会像罗马一样衰落的声音。
他敦促英国人民：

> 不要相信这些怨天尤人的人，用我们的行动点破他们悲
> 观阴郁的抱怨吧。告诉他们这个民族的活力和生命力丝毫未
> 损，告诉他们我们决心支撑住从先人那里继承来的伟大帝
> 国，告诉他们我们的旗帜会在海上迎风飘扬，我们的意见在
> 欧洲协商会议中举足轻重，我们的臣民深爱和支持我们的祖
> 国。我们会继续沿着上帝之手划定的路线前进，实现为地球
> 最遥远的地方带去和平、文明与良好政府的使命。⑬

英国认为自己肩负着白人教化亚洲和世界的责任。它长期战
斗却只为支配别人的精神满足。一个世纪以后，轮到美国接下了
这低劣的人类野心。

奥沙利文创造"天定命运"说法的第二年，詹姆斯·诺克

斯·波尔克（James K. Polk）总统欺骗国会，力主对墨西哥开战，国会最终对墨宣战，开启了 1846～1848 年的墨美战争。这标志着美国领导人第一次为了支配权动用军事力量。自此，这个国家一发不可收拾地滑向帝国的毁灭深渊。史上第一次，总统为给交战状态正名欺骗了国会和美国人民。宪法痼疾积重难返。

波尔克总统一心想控制更多的土地和人口，在 1846 年 5 月 11 日的国会演说中他哄骗了选民和议员，要求对墨西哥开战。他谎称墨西哥士兵在美国领土上杀害美国军人，挑起战争：

> 同时，在国会获得通过后得克萨斯也成了我们国家不可分割的一部分。得克萨斯州议会 1836 年 12 月 19 日的法案宣布北布拉沃河（Rio del Norte）是墨西哥的边界线……该河流与德诺特县之间的地区在国会与德州议会中都有代表席位，因此它也参与了兼并行为，现在也包含在国会选区里……军队向德诺特行进的指令是由指挥官下达的，将军明令禁止军队对墨西哥或其人民有任何进攻性行为，除非墨西哥宣战或采取暗示着战争状态的敌对行为，美墨将保持和平关系……然而现在，墨西哥再三地发出威胁，越过了美国的国境，入侵了美国的土地，甚至在美国的领土上造成流血事件。她已经正式宣告对立开始，两国处于交战状态。尽管我们努力避免，战争还是发生了，而且是由墨西哥自身的行为造成的，出于责任和爱国主义的各种考虑，我们都应该决定维护我们国家的荣誉、权利和利益。[14]

真实的情形是，在美国对墨西哥寻衅滋事之后，墨西哥军人在墨境内杀死了美国士兵。墨西哥政府并未首先宣战。

作为议员的亚伯拉罕·林肯公开地对波尔克的谎言表示怀疑。在 1847 年 12 月 22 日他向众议院提出著名的"斑点决议"（Spot Resolution），要求总统指出所谓墨西哥军队杀害美国士兵的地点，以确认那里是否真是毫无争议的美国领土。林肯的反对者——倒和今日的很多政客一样——指责他的这一要求危害了战时的美国军人。不出所料，起初这一决议在众议院遭到了冷遇。它渐渐平息下来一个月以后，林肯还在论争：

> 如果总统能证明战争的第一滴血是流在美国的领土上，那么我绝对支持他的理由。但是如果他做不到或不这么做，那么我就完全可以相信我所怀疑的：他内心深处一定知道自己理亏；他一定能感受到战争的牺牲者就和亚伯⑮一样，正在上帝面前哭诉控告他；我不仅仅是怀疑起初将两个国家卷入战争的某种强烈动机——在此我暂不予置评——为躲过人民的仔细审查将公众视线固定在亮丽夺目的军事荣耀上——那是在血雨中升起的诱人彩虹，那是能令人意乱神迷导致毁灭的毒蛇之眼。他堕入其中，无休无止地扫荡，直到他失望地发现自己失算了，墨西哥并没那么容易屈服，他现在才发现自己不知身在何处。⑯

虽然国会嘲笑林肯的决议，有一位曾经的总统和一位未来的总统同他一样蔑视墨美战争。前总统昆西·亚当斯当时是国会议员，也是辉格党一小拨反对者的领导，他们投票反对他口中的这场"最不正义的战争"。⑰后历任波托马克军团⑱将军、美国总统职务的格兰特在墨美战争时期是少尉军官。他在自己的战争回忆录中写道："这是一个强国对一个弱国发动的最为不义的战争。

这是一个共和国追随欧洲君主制的榜样产生的结果，丝毫不考虑获得更多疆土欲望的正义性。"⑲

1846 年 5 月国会演说之后，波尔克又在 12 月 8 日发表了另一番演说，宣称需要一场对墨战争来阻止某个欧洲势力在墨建立起君主政权，进而将欧式的势力均衡政治引入美洲大陆。他坚持：+为显示总统对墨西哥保持敌意的要求合理，他唤起并渲染这种担心墨西哥建立欧洲君主制的恐惧。乔尔·罗伯茨·波因塞特（Joel Roberts Poinsett），第一任美国驻墨西哥公使、马丁·范布伦政府时期的陆军部长，这样评论波尔克假装的忧虑之荒谬：

> 总统先生对外国干涉忧心忡忡，先是加利福尼亚，接着是担心在墨西哥建立起君主制。前者根本没有任何风险，而后者——如果墨西哥人民可以自决，也绝不会发生……总统这次错了，武装干涉可能为我们造就一个强有力的敌手却不能阻止罪恶；如果我们退让……墨西哥三年内都不会存在君主制……人民是共和主义者。⑳

波尔克总统在国会演说时，没有任何证据表明墨西哥危害了美国的主权。这场战争与保卫美国人民及其后代自由的福祉没有任何关系，而这才是宪章文件指定的美国政府之独有使命。

墨美战争最终以《瓜达卢佩-伊达尔哥条约》宣告结束。美国获得了包括加利福尼亚、新墨西哥、亚利桑那、内华达在内的大量领土，作为交换仅支付 1500 万美元给墨西哥并承担美国公民向墨西哥政府索取的 300 多万美元的赔偿要求。

1861~1865 年美国内战期间天定命运原则处于蛰伏期，后来天定命运、帝国心态复活成为美国政治文化的主要部分。内战结束五年后，为了一个海军基地和南部黑人可居之所，格兰特总统敦促国会兼并圣多明各（现为多米尼加共和国）。[21]虽然参议院拒绝批准 1870 年的条约，帝国的心理已如火如荼，美国已经踏上了军事或领土扩张的征程。

1898 年的美西战争可以作为标志。19 世纪 90 年代中期，美国公众强烈要求政府停止西班牙军队在骚乱的西属古巴对古巴国民所谓的暴力和暴行。1898 年 2 月 15 日美国军舰"缅因"号在哈瓦那港爆炸后，美国制造的担忧变得近乎狂热。260 多位美国海员丧生。麦金莱总统最初反对武装干预该岛，"缅因"号沉没后，他也开始屈从于盛行的政治风气。

"缅因"号事件两个月后，他征求国会同意对西班牙在古巴开战。在 1898 年 4 月 11 日对国会的演讲中，他篡改倾向于说明西班牙政府与"缅因"号的爆炸没有任何牵连的证据，详述了宪章文件明确否定的战争理由：

> 要求政府无条件保密的海军调查法庭得出一致的结论：水雷的外部爆炸造成了缅因号的毁灭。它没有假定责任在谁，这还有待确定。在任何事件中，无论是何种外部原因造成的缅因号的毁灭都明显地证明了古巴的情形令人无法容忍。这种状况就是西班牙政府无法在哈瓦那海港保证一艘在那里正当行使和平使命的美国海军船只的安全。[22]

关于"缅因"号的沉没有许多有争议的说明和解释。西班牙基于它对残骸的调查和收集的目击者报告，坚持称沉船是内部爆炸造成的。1976 年由美国四星海军上将海曼·李高佛（Hyman G. Rickover）领导的调查结果支持了西班牙的说法。即便麦金莱总统当时是正确的，"缅因"号的毁灭的确是外部爆炸的结果，也没有证据表明是西班牙人或西班牙效忠者投放的水雷。古巴反叛人员也有毁掉"缅因"号的动机，因为"缅因"号的毁灭无疑会将美国更深入地卷入这场冲突。另外，国父们认可的战争是对攻击美国主权行为的回应，而不是因为某个外国政府的殖民地发生了国内动乱，可能威胁到美国人在当地的生命和财产。后者完全可以由军队去保护，并不需要发动战争。

1898年4月20日，麦金莱总统签署联合战争决议，对西班牙下了最后通牒——除非4月23日中午之前放弃对古巴的殖民势力，否则美国将动用武力执行国会决议。1898年4月25日，麦金莱签署了国会的宣战书。

至于古巴的情形，总统在早前1898年4月11日的国会演说中这样说道："未试过的措施中尚有一例：……我并不是说要强制兼并，那简直是想都不敢想的。按照我们的道德准则，那简直就是侵略罪行。"㉓1899年2月16日，他还说："美国的心中并没有帝国主义的意图。帝国主义与美国的情感、思想和目标都是格格不入的。"㉔麦金莱总统的行为不仅与其言行不符，还是美国帝国主义心态作祟的例证。虽然1899年上半年打败西班牙以后美国没有立刻吞并古巴，但是它将菲律宾、波多黎各和关岛的主权尽收囊中。此外，美国限制了古巴的对外政策，并开始无限期租赁和管辖关塔那摩海湾。㉕原本就是由于帝国心态而获取的关塔那摩海军基地，后来被作为美利坚帝国在后"9·11"时代无止境的全球反恐战争中的监狱，无限期地关押未经指控或审判的敌人，也算是十分合适。

麦金莱总统后来不断兜售兼并菲律宾带来的文明上、精神上和经济上的好处，进一步证明了他美利坚帝国的思维倾向。1898年秋天对一群爱荷华州的民众演说时，他说："有时候当我们为神圣的事业走向战争，领土会不请自来，无论何时，自由的旗帜始终会在其上空飘扬，而且我相信这旗帜能为所有民族送去恩惠和福祉。"㉖在另一群人面前，他又说："我们在国内已经具备能让国家幸福的一切。我们有足够的资金、富足的岁入，我们拥有毋庸置疑的国家信誉；但是我们还想要新的市场，而国旗所到之处都会有贸易，看来我们很快就能有新的市场了。"最后，他又对伊利诺伊州的一群人这样说道："当你的高粱在国内卖不出去了，你会很乐意把富余的高粱卖往其他国家，以优质的高粱换取他们的金钱。"㉗

苏珊·布鲁尔（Susan Brewer）在《美国为何而战》中写道，麦金莱在白宫对一群挚友说过：

> 我们做过的最好的事情之一便是坚持拿下了菲律宾而非某个装煤港口或某个岛屿，因为如果是后者，我们就会成为世界的笑柄……正因如此，再过几个月，我们就会毫无疑问地成为一个世界大国了。㉘

19世纪结束的时候，日益增长的帝国主义心理已经主导着美国精神，伴随着经济和军事力量的增强，美国对权力和扩张的欲望也日益膨胀。20世纪早期见证了美国在中美和南美的干涉，也见证着总统权力的稳步扩张。1903年，西奥多·罗斯福总统要求合法保护美国兼并巴拿马运河，并单方面命令用武力从哥伦比亚把巴拿马切割出来，时任司法部长的菲兰德·诺克斯（Philander Knox）还反驳道："总统先生，不要让如此伟大的成就染上合法

性的污点。"㉘

1912～1925 年和 1926～1933 年，美国海军陆战队两度占领了尼加拉瓜，一次是为保护美国的经济利益和开凿尼加拉瓜运河路线的选择权，另一次是为压制尼加拉瓜国内对亲美政府的反抗。这两次占领对美国的安全、自由和财富而言都是完全不必要的。外国政治不稳定的金融风险可以通过保险或其他私有市场机制加以控制。美国军队和纳税人不应该参与保护国外的非谨慎投资。威廉·霍华德·塔夫脱（William Howard Taft）总统这样为尼加拉瓜的军事干涉辩护：

> 尼加拉瓜上次的革命运动中，尼共和国政府已经承认无法保护美国人的生命和财产，反叛者无法无天的行为已经影响到我们，尼政府还请求美国政府承担政务，我们就有必要派遣 2 000 名海军陆战队员和水兵到尼加拉瓜。多亏他们的存在，尼加拉瓜的政府才能专注于国内的麻烦，进而能在短时间内根除叛乱。㉚

1912～1924 年，美国干预了多米尼加共和国的事务。早在 1905 年，美国接管了多米尼加共和国的海关，以海关税收偿清外债。1912 年，暗杀多国总统拉蒙·卡塞雷斯（Ramon Caceres）后，美国派遣 750 名海军陆战队员前往多国，否认海关资金破产清算，扶植阿道尔弗·诺埃尔（Adolfo Nouel）接任总统。㉛接着，美国强迫继任总统何塞·博达斯（JoseBordas）在 1914 年辞职。1916 年 5 月 7 日，为支持胡安·伊西德罗·希门尼斯（Juan Isidro Jimenes）总统，美国再次进行军事干涉。最终 1916 年 11 月 29 日，美国废黜多米尼加政府，直接进行美国的军事统治。㉜

1916～1924 年，美国占领、管理多米尼加共和国都是因为过度担心德国占领多国发起对美战争。

1917 年美国卷入一战，凸显了乌托邦的使命——让民主可以在世界安全生存，而事与愿违，战争显然没能做到这一点。相反，战争反而成为希特勒、墨索里尼、列宁和斯大林的接待室。夸大凶险、歪曲敌人、欺骗美国人民已经成为惯常的伎俩。1915 年 5 月 7 日，民用远洋客轮皇家邮轮"卢西塔尼亚"号被一艘德国潜艇 U－20 击沉，此时影响力虽不及齐默尔曼电报㉝事件，但是刺激美国民意倾向战争。德国坚持认为"卢西塔尼亚"号并不无辜，根据他们的说法，该轮船当时在运输军事装备和前往对德作战前线的加拿大士兵，事实也的确如此。威尔逊总统失实地反驳道：

> 阁下来信中所言之事若为事实，则美国政府必定会正式履行公认的中立国责任、执行国家的法律规定。美国有义务确保卢西塔尼亚号并没有进攻的装备、亦非军事运输船只、船上也并没有美国法律禁止的货物，如果她真是英国的海军船只，那就无法以商船的名义洗白，而且美国会定期更换官员，可谓是小心谨慎地履行着这一义务、执行着国家的法令。因此，美国可以肯定地告诉德意志帝国政府，它被误导了……最重要的事实是一艘主要用于运载乘客的巨轮遭到鱼雷袭击，毫无反击能力地沉没了，船上的 1000 多人与战争行为毫无瓜葛，无数的男人、妇女和孩子在现代战争无可比拟的情形下被杀害。㉞

威尔逊的言辞并非真实。"卢西塔尼亚"号运载的虽然并非加拿大的军队，却是用来打击德国的军火和武器。有估计认为客船上有 1 250 箱 3.3 英寸的榴霰弹，重达 52 吨，每一个盒子里有 4 个弹片共计 5 000 个榴霰弹。㉟还有人怀疑船上运载着 3 240 个黄铜引信，可用于制作 4.7 英寸的高爆弹片和 420 万个雷明顿步枪子弹。㊱威尔逊编造"卢西塔尼亚"号的真相正说明总统已经准备好相信拥护战争的说法，或为此误导美国民众。

一战后，美国对战争的目的和结果的认识幻灭，帝国心理暂时落入低谷。巴黎和会上，总统自己和其他政治领导人物都认为，违反威尔逊总统的十四点比遵守它来得更体面。参议院拒绝批准《凡尔赛条约》，因为它有可能在无国会授权的情况下就将美国卷入战争。20 世纪 30 年代国会通过了一系列中立法案以保证美国在他国战争中保持中立，据说这是国际银行家与军火供应商想出的对策。美国还批准了 1928 年的《非战公约》，展示出一幅试图以非战争的方式解决所有国际争端的蓝图。缔约各方"谴责依靠战争解决国际争议的行为，决定在与他国关系中摒弃战争这一国家政策工具。"㊲

两次世界大战间的那些年上演着美国全面转向帝国的间奏曲。这一阶段也见证了美国为了控制拉美而向该地区大量投放军事力量。

与波尔克、麦金莱和威尔逊一样，在美国主权尚未面临任何威胁之时——无论是来自德意志第三帝国、日本或其他——罗斯福总统就急切地希望美国参战。所谓"格里尔号事件"突出表现了他为维护战争十分愿意欺骗美国民众。在 1941 年 9 月 4 日的一次炉边谈话节目中，罗斯福狡诈地歪曲了美国格里尔号与德国 U 型潜艇相遇的情形：

当时，她就在那里遭到潜艇袭击。德国已经承认那是一艘德国潜艇。潜艇蓄意向格里尔号发射了鱼雷，接着又再次发起鱼雷攻击。不管希特勒的宣传部门捏造了什么事实，不管美国的反战组织愿意相信什么，我直言不讳告诉你们真相：德国潜艇毫无警告地向这艘美国驱逐舰开火，就是有意要击沉它。这是十足的海盗行径——合法合德的海盗……眼前的证据非常清楚这起事件并不是独立的，它是一个宏大计划的一部分，如果我们大事化小就是不可宽恕的愚蠢……希特勒的前哨卫队——不仅是那些公开的代理人还有我们周围上当受骗的人——正为他在新世界准备立足之地和桥头堡，只等他获得海洋的控制权了。[38]

海军军令部长哈罗德·斯塔克（Harold Stark）上将在参议院海军事务委员会面前坦白了罗斯福的漫天胡诌：

1941 年 9 月 4 日上午 8：40，美国军舰格里尔号接到一架英国飞机的通知，称驱逐舰行驶航线前方十英里水下有一艘德国 U 型潜艇。格里尔号用配备的声呐侦察装备确定位置径直向此处驶去，一边追踪还一边将信息传达给英国飞机。上午 10：32，一架英国飞机开始向 U 型潜艇所在位置投放深水炸弹，失败后撤退。格里尔号继续追踪该潜艇，直到 12：40，该潜艇停止逃窜，转向格里尔号并发射了一枚鱼雷，结果没能击中。格里尔号用深水炸弹反击，U 型潜艇以鱼雷再反击。整个过程持续了 4 个小时，其中有三个多小时都是格里尔号在追赶逃窜的潜艇。U 型潜艇试图回避美国舰艇，但是后者不依不饶地穷追猛赶。[39]

根据上将的描述，德国潜艇攻击美国军舰"格里尔"号完全是出于自卫。罗斯福总统却公然撒谎，将事件描绘成德国蓄意袭击并摧毁美国军舰。

而另一艘驱逐舰"卡尼"号在北大西洋被德国 U 型潜艇的鱼雷命中，伤亡惨重，船只也遭受重创之时，总统立刻炮制出与"格里尔"号事件如出一辙的谎言。罗斯福坚持认为德国潜艇是无缘无故开火。10 月 27 日他说道："我们也不希望开火。但是射击已经开始。历史会记载究竟是谁打了第一枪……美国遭受了袭击。"[40]事实并非如此。当时美国驱逐舰拯救了许多被德国潜艇以"狼群"战术袭击的商船，还不断向纳粹潜艇扔深水炸弹，德国潜艇向"卡尼"号开火都在这些事实之后。德国的回应是自卫，而不是无端的侵犯。[41]

美国的文化和政治领导人再一次地屈从于前任们帝国主义的精神病症。《生活杂志》的出版人亨利·鲁斯（Henry Luce）在 1941 年发表的一篇社论使得弥漫于美国世纪的美国对控制的激情经久不衰、永垂不朽："作为世界上最强大和最重要的国家，我们必须全心全意地接受相关的义务和机会，因此我们必须向世界施加所有的影响力，其目的和方式是否合适都由我们来决定。"[42]他的作品是天定命运的现代表达方式，包括我们熟知的宗教暗示[43]的骗局和轻率的当务之急。

"二战"的胜利将美利坚帝国推向了新的高度。日本在东京湾投降以后，美国以世界上最强大的军事和经济力量崛起，它甚至似乎能以全球军事足迹统治整个星球。它为权力本身而自鸣得意，公开表达自己相对于其他一切民族的道德优越感，如果他们拒绝吸收美国模式，它恨不得填鸭式地塞满他们的喉咙。

注　释

① Alelxis de Tocqueville, *Democracy in America* , Volume 1 , New York: The Colonial Press, 1900, p. 201.

② In Chales K. Burdick, *The Law of the American Constitution*: *Its Origin and Development*, New York: G. P. Putman's Son's, 1922, p. 3.

③ Charles Francis Adams, ed. , *The Works of John Adams*, *Second President of the United States*, Vol. 6, Boston: Chales C. Little and James Brown, 1851, p. 220.

④ *The Jeffersonian Cyclopedia*: *A Comprehensive Collection of the Views of Thomas Jefferson*, Funk and WAGNALLS Company, 1900, p. 195.

⑤ James Madison, *The Federalist*: *A Commentary on the Constitution of the United States*, Vol. 1, No. 51, New York: Dunne, 1901, p. 357.

⑥ John Stuart Mill, "Utilitarianism, Chapter 2: What Utilitarianism is," *Utilitarianism. com*, http://www.utilitarianism.com/mill2.htm（accessed on April 15, 2010）.

⑦ Edward Gibbon, *The History of the Decline and Fall of the Roman Empire* , Vol. 5, H. Frowde, Oxford University Press, 1907, p. 353.

⑧ 泰勒是其竞选伙伴，后任副总统——译者注。

⑨ Carl Cavanagh Hodge and Cathal J. Nolan, *US Presidents and Foreign Policy*（ABC – CLIO, 2007）, p. 389.

⑩ 同上。

⑪ John O'Sullivan, "Annexation," *United States Magazine and Democratic Review* , Vol. 17, No. 1, 1845, pp. 5 – 10.

⑫ William E. Channing, *The Works of William E. Channing*, *D. D.* , New York: American Unitarian Association, 1890, p. 760.

⑬ Sir Winston Churchill, *Never Give in*！: *The Best of Winston Churchill's Speeches*, Hyperion, 2003, p. 4.

⑭ James K. Polk, "Message on War with Mexico," *PBS*, May 11, 1846, http://

　　www. pbs. org/weta/thewest/resources/archives/two/mexdec. thm.

⑮《圣经》故事中亚当和夏娃的次子，被其兄该隐所杀——译者注。

⑯ Marion Mills Miller，*Great Debates in American History*：*Foreign Relations*，*Part 1*，Current Literature Publication Co. , 1913, p. 376.

⑰ Lynn Hudson Parson，*John Quincy Adams*，Lanham：Rowman & Littlefield Publishers，Inc. , 2001，p. 265.

⑱ 美国南北战争的东部战区中联邦军的主要军团——译者注。

⑲ Ulysses S. Grant，*Personal Memoirs of Ulysses S. Grant*，New York：Cosimo，Inc. ，2007，p. 16.

⑳ John T. Woolley and Gerhard Peters，"James K Polk – Second Annual Message December 8，1846，" *The American Presidency Online*，http：//www. presidency. ucsb. edu/ws/index. php? pid = 29487（accessed on April 22，2010）.

㉑ "American President：Ulysses S. Grant，Domestic Affairs，" *The Miller Center for Public Affairs*，http：//millercenter. org/academic/americanpresident/grant/essays/biography/5（accessed on April 22，2010）.

㉒ G. W. Townsend，*Memorial Life of William McKinley*，READ Books，2008，pp. 157 – 158.

㉓ United States Department of State，*Papers Relating to the Foreign Relations of the United States*（G. P. O. ，1922），p. 755.

㉔ Richard F. Hamilton，*President McKinley*，*War and Empire*：*President McKinley and America's "New Empire"*，Transaction Publishers，2006，p. 80.

㉕ Wolfgang Kaleck，Center for Constitutional Rights，*International Prosecution of Human Rights Crimes*，New York：Springer，2007，pp. 203 – 204.

㉖ Susan Brewer，"*Why America Fights*：*Patriotism and War Propaganda from the Philippines to Iraq*，" Oxford University Press US，2009，pp. 26 – 27.

㉗ 同上。

㉘ 同上书，第 36 页。

㉙ Duke University，"South Atlantic Quarterly，Volume 20"，Duke University Press，1921，p. 381.

㉚ Holly Sklar, *Washington's War on Nicaragua*, South End Press, 1988, p. 4.

㉛ "Dominican Republic, 1916 – 1924," *US State Department*, http：//www. state. gov/ r/pa/ho/time/wwi/108649. htm（accessed on April 22, 2010）.

㉜ 同上。

㉝ 一封由德国外交秘书阿瑟·齐默曼于 1917 年 1 月 19 日秘密发给德国驻墨西哥大使的电报，建议德国和墨西哥建立对抗美国的军事联盟——译者注。

㉞ Woodrow Wilson, *President Wilson's Great Speeches and Other History Making Documents*, Stanton and Van Vliet, 1917, pp. 246 – 248.

㉟ Patrick O'Sullivan, *The Lusitania：Unraveling the Mysteries*, Sheridan HOUSE, Inc. , 2000, p. 130.

㊱ 同上书，第 132 ~ 133 页。

㊲ "Kellogg – Briand Pact," *The Avalon Project*, *Yale. edu*, http：//www. yale. edu/lawweb/avalon/imt/kbpact. htm（accessed on April 15, 2010）.

㊳ Donald E. Schmidt, *The Folly of War：American Foreign Policy 1828 – 2005*, Algora Publishing, 2005, pp. 173 – 174.

㊴ 同上书，第 174 页。

㊵ John V. Denson, *Reassessing the Presidency：The Rise of the Executive State and the Decline of Freedom*, Ludwig von Mises Institute, 2001, p. 497.

㊶ Lester H. Brune, Richard Dean Burns, *Chronological History of U. S. Foreign Relations：1932 – 1988*, Routledge, 2003, p. 559.

㊷ Steven P. Meyer and Jeffrey Steinberg, "Henry Luce's Empire of Fascism," *EIR*, June 25, 2004, http：//www. larouchepub. com/other/2004/site_ packages/3125ccf_ luce. html（accessed on April 19, 2010）.

㊸ 亨利·鲁斯不容争辩地表达了其扩张欲望的不理性本质："现在是我们作为强国的时代，我们的理念要传遍世界，以其神助之力将人类的生活从野兽的状态提高到赞美诗人所吟唱的比天使差一点点的状态。"（In Jonathan Yardley, "Jonathan Yardley Reviews *The Publisher*, by Alan Brinkley," *Washington Post*, April 18, 2010：http：//www. washingtonpost. com/wp – dyn/conten/article/2010/04/16/AR2010041602601. html）

第五章　美利坚帝国的双重迷思

二战方终，与苏冷战即始，美国对帝国的热情一度达到顶峰。到1945年，美国在世界上已是十分显赫。直到1949年仍保持着对核武器的独家垄断。胸怀帝国之志的苏联随即力求超越美国的经济和军事实力。随后二者对全球支配权的争夺逐步给美国灌输了一种几乎不可逆的帝国心态。美国的竞争对手是一个能以核毁灭摧毁美国和世界的超级大国，这使得美国的行为相对克制。从20世纪40年代末期到冷战结束，美国总统满世界斡旋以影响政治、军事和经济结果，盲目地试图遏制或打败苏联，根除它对私有企业或民主规则的威胁。在美国看来，任何国家与苏联结盟对美国的安全、自由与繁荣都至关重要，在这一问题上没有国家会是太小或是无关紧要的。美国史无前例地开始为地球上的每一个国家设计对外政策——管它是乍得、马里、毛里塔尼亚、尼泊尔还是斐济。这种态度盛行之时，正逢世界上没有国家胆敢对美国挑起进攻性的战争。苏联在权力巅峰时刻也在古巴导弹危机中打了退堂鼓。

自20世纪中期起美国开始蜕变为一个帝国，美国政治文化的这种突变唤起了两种虚伪的正统观念来维护美国全球军事足迹的必要性。每一种观念都代表着对国父及其宪章文件的背叛。

第一个正统观念是美国必须在全世界传播民主和人权，维护国际稳定。这一信念依赖于两大支柱：其一，美国有保障世界自由与和平的道德责任；其二，美国的国家安全取决于民主在其他国家的生命力和全球秩序的稳定。第二个正统观念是能保证世界稳定和资源获取途径的全球军事存在，对美国的经济增长而言是不可或缺的。这两种观念分明就是胡说八道，却持续主导着美国人的思维。

第一个迷思是关于推广民主和世界稳定的，它源于天命观的理论。美国在"二战"中将欧洲和亚洲从德国、日本的压迫中解放出来，这一激动人心的经历使得天命观在美国人的心里根深蒂固。美国"二战"的盟友——苏联、英国和法国本身就是意欲维持现状的暴虐帝国，美国却天真地对此视而不见。例如，1942年11月10日，英国首相温斯顿·丘吉尔向英国议会请愿说："然而，为以防在任何地区出现什么错误，我想说清楚的是我们决心保留自己的（属地）。我成为吾王的首相，可不是来负责清算大英帝国的。"[1]战争一开始，苏联就通过可恶的《莫洛托夫－里宾特洛甫条约》（《苏德互不侵犯条约》）控制了15个共和国，强取了波兰和罗马尼亚的一部分，攫取了整个波罗的海三国。战后法国试图维持其在印度支那的帝国，为美国的越战灾难埋下伏笔。

1945年罗斯福逝世后，哈里·杜鲁门继任总统，他继续附和着正统观念，普遍民主和世界稳定仍然被作为国家安全的基石。他的外交政策原则加速了美国对共和价值观的偏离，为其后继者开启了破坏性的先例。

1947年3月12日，盟国战胜德国和日本后的一年半，杜鲁门总统在对美国国会的一次演讲中阐述了著名的杜鲁门主义。他此次演讲是为赢得国会批准一个 4 亿美元的对土耳其和希腊的经济和军事援助，行政机关认为这两个国家有被共产主义接管的危险。

杜鲁门简单地认为世界分为两种生活方式：一种基于自由和民主，另一种基于专制、压迫和胁迫。他说美国外交政策最主要的目标之一"就是要创造条件促使我们和其他国家都能塑造出一种免于胁迫的生活方式"②。杜鲁门主义意味着美国必须保卫世界上所有的人民免于独裁政体的强制要求，让他们有机会拥抱自由和民主。他宣称，这一目的"是在对德、日作战中最根本的问题"。杜鲁门拥护的联合国是一个传播自由、打败极权主义的必不可少的多边组织。③他进一步引申说：

> 我相信美国的政策必定支持那些自由民族，他们正抵抗着企图征服他们的少数武装分子或外来压力。
>
> 我相信我们必须协助自由民族用他们自己的方式来安排自己的命运。
>
> 我相信我们的帮助主要是最基本的经济和财政援助，这些对稳定经济和有序的政治进程很有必要。
>
> 世界不是静止的，而现状也不是神圣不可侵犯的。可是我们不能听任用诸如胁迫这类方法，或政治渗透这样的诡计，违反联合国宪章来改变现状。美国帮助自由和独立的民族去维护他们的自由，将有助于联合国宪章的原则发挥作用。④

杜鲁门宣称希腊或土耳其的共产主义政变会导致极权主义和绝望席卷欧洲，置世界于危险的境地，引发人们的恐慌，也预示着用来维护越战的多米诺理论这一错误原则的出现："全世界的自由民族期待我们支持他们维护自由。如果我们在领导作用方面迟疑不决，我们可能危及世界和平，而且一定会危及本国的繁荣昌盛。"⑤

杜鲁门的外交政策原则背叛了美国的宪章文件。宪法的文本、言外之意及其目的和精神都从未有意授权政府强迫或征用其国民以武力或其他方式协助保卫异国异民族的自由或自治。只有当干预的结果不出意料能推进保卫美国本土人民自由之福祉的合法目标，这样的嬉闹才算是正义的。违反宪法的杜鲁门主义以联合国宪章的哲学精神为正当理由，而非美国的宪章文件。

道德准则——即便是预防种族灭绝——也是发起战争的违宪理由。约翰·昆西·亚当斯 1821 年独立日演讲⑥与乔治·华盛顿的告别演说明确地拒绝了游荡在外行使"正义的"或"人道主义的"战争的想法。另外，对于非美国插手造成的压迫或种族屠杀，美国并不承担缓解那种状况的任何道德责任，例如，总统罗伯特·穆加贝（Robert Mugabe）迫害的津巴布韦人，面临与俄分离冲突的车臣人，还有被胡图族及其代理人屠杀的卢旺达图西族人。美国有谁曾为斯大林及其继承者统治下的苏联人民悲惨的遭遇感到罪过？又有谁甚至为纳粹德国犯下的犹太人大屠杀的罪恶感到愧疚？

法律反映的乃是彼时代之道德积淀，无论国际法还是美国国内法都没有要求哪里发现战争或压迫，国家或个人就有责任去解除压迫或调停战争。因而，美国和国际社会对 1994 年的卢旺达大屠杀，2009 年 1 ~ 6 月僧伽罗人的斯里兰卡武装人员对泰米尔人平民的屠杀，以及处于持续动荡、冲突和暴政中的缅甸袖手旁观并没有违反法律。路加福音中好心撒马利亚人的寓言并不适用于民族国家。美国政府所知的唯一道德准则是尊重宪法这一不可任意支配的规则。然而仅代表自己的个人自愿去国外为被压迫民族的自由而奋斗，这是令人钦佩、值得称赞的。美国政府强制或以其他方式征用国民为与美国主权无关的战争作战，这才是违宪。

与第一个正统观念相反，国外的民主并不一定就能增强美国的安全。当美国从英国治下取得独立之时，没有一个美国政治家暗示说将奥斯曼帝国、中华帝国或法俄专制政权颠覆为民主政权，美国就会更安全。面对中美和南美反对西班牙和葡萄牙殖民压迫的独立战争，美国选择做一名被动的旁观者。国父们知道民主国家也很容易变得和最糟糕的专制国家一样好战。美国独立以后面临的最大威胁是英国，那可是当时世界上最民主的国家。英国在拿破仑战争期间强征美国海员、袭击中立的美国船只，最终导致了 1812 年的英美战争。英国人甚至焚烧了首都华盛顿。君主制的法国支持着美国的独立战争，后来在法国大革命中被一个对美国不那么友好的政权所取代。"XYZ 事件"⑦促成了美法海军的准战争状态。

可以说，第一个向美国发起战争的非民主国家是德国，1917 年德国对美展开了无限制的潜水作战。1941 年 12 月 7 日——在美国建国 160 多年以后，非民主国家日本袭击了珍珠港，显然也是对美国发起进攻。纳粹德国紧接着宣战，德国人选举了阿道夫·希特勒的国家社会主义者掌权。美国整个 224 年的历史中，只有英国、日本和德国对它发起过战争。

相反，美国（民主的堡垒）在墨美战争中对墨西哥发起了战争。在美西战争中也是美国首先挑起了敌意。1950 年美国依照联合国安理会的决议又着实负责对朝鲜的战争。1964 年美国对北约发起军事行动、1989 年行动对象是巴拿马、1991 年和 2003 年是伊朗、2001 年是阿富汗、"9·11"以后为打击国际恐怖主义向全世界发起军事行动。有一种观点认为与民主国家相比，非民主政权更好斗、更愿意发起战争和侵略，众多的美国对外干涉记录显然在逐渐使这种观点丧失说服力。

大英帝国的历史强化了这一结论。维多利亚女王时代政府改革削弱了君主权力以后，在选举出的议会和首相的领导下，英国的扩张战争和殖民主义日益兴盛。假称要防止俄国入侵印度，英国发动了第一次阿富汗战争（1838～1842 年）。首相迈尔本（Lord Melbourne）坚持道："阿富汗要么是我们的，要么是俄国的。"⑧主要基于保持国家威望的目的，英国又对阿富汗发起了第二次阿富汗战争（1878～1880 年）。英国还同中国进行了两次鸦片战争（1839～1842 年；1856～1869 年）。在 1824～1826 年、1852 年和 1885 年英国与缅甸又分别有过三次战争。布尔战争从 1899 年持续到 1902 年。1881～1889 年，英国对伟大的马赫迪及其苏丹追随者发起战争。一战后英国还与其爱尔兰属民发生了战争，最终战争以 1922 年爱尔兰独立而告终。1956 年，因埃及总统纳赛尔对苏伊士运河实行国有化，英国伙同法国、以色列对埃及发动战争。

民主制的印度在 1961 年和 1975 年分别吞并了果阿和锡金王国。尽管格鲁吉亚的民主资历优于俄罗斯，格鲁吉亚共和国发起了对俄罗斯和南奥塞梯的战争。⑨民选政权哈马斯经常对以色列发动战争，不那么令人青睐的巴勒斯坦民族权力机构反而维持着和平。

当然，非民主国家也发起了大量的战争：德意志第三帝国、伊拉克、巴基斯坦、埃及、叙利亚、约旦、苏联、德国等。但是经验告诉我们，民主的扩散并不必然让美国更安全。

杜鲁门总统并没能解释为什么支持自由民族抵抗企图征服他们的少数武装分子或外部势力的压力，就能让美国更安全、更自由、更富有，甚至都没能解释他是怎样区分自由民族与非自由民族的。就拿希腊和土耳其这两个杜鲁门主义的第一批受益者来说，1947年二者都不是以竞争的政党、自由公平的选举、自由的媒体和法治为特点的民主国家。

在希腊，保皇党人和共产党人之间的内战风行。美国支持保皇党一方，尽管其民主资历实不足取。假设共产党人最后赢了，希腊可能还是会像铁托的南斯拉夫一样成为苏联方面的烫手山芋。希腊可能会像苏联在中东欧的卫星国一样成为苏联难以摆脱的经济包袱。希腊并无诱人的国家资源或经济资产可供夺取，其军事力量也不足为奇。1952年希腊加入了北约，却从未成为一个令人敬畏的军事盟友或强大的经济伙伴。希腊与土耳其之间长期的争端让美国十分头疼。1967～1974年的军政府时期，希腊甚至试图颠覆塞浦路斯希腊裔控制的政府。

如果杜鲁门总统终止了对希腊保皇派的援助，美国本来可以用这些资金增强其国内防御力量，比如增建航空母舰、侦察机或增强边境安全。另外，如果美国要求保皇派通过改革赢得更多的民众支持，以此来与共产党竞争，保皇派可能会以更大的决心与希腊共产党对抗。总之，杜鲁门总统没有提出分毫的证据说明于共产主义手中拯救希腊和美国的国家安全有一丁点儿的关系。1947年匈牙利投向了共产主义，但也没有证据表明美国就因此不那么安全了。同样 1948 年捷克斯洛伐克的共产主义政变也并未加剧美国主权的危险。

与希腊一样，土耳其在 1947 年也失去了民主的外衣。政府在两年前拉起了禁止反对派政党存在的大旗，戒严令一直持续到 1947 年 12 月。土耳其宪法严重损害了个人自由。因此，按杜鲁门主义援助土耳其并不是在援助一个真正的民主国家。与希腊一样，如果土耳其倒向了共产主义，美国并不会变得不那么安全、自由和富足。土耳其几乎全是穆斯林，与阿富汗或中亚一样。就算没有美国的援助，土耳其人本来也会激烈抵制"无神论的共产主义"和苏联。一战后，奥斯曼帝国被肢解，此前土耳其人已经与俄罗斯人进行了几个世纪的斗争。压制伊斯兰和土耳其民族主义的努力本来可以使苏联永久地陷入泥沼。土耳其本来可以证明它就是难以为外族吸收的。

当土耳其的一个邻居——罗马尼亚——在二战后落入了铁幕的另一边，美国也没有变得不那么安全。从未有罗马尼亚士兵杀害或威胁要杀害美国人，他们也没有被征用加入苏联红军。减少对土耳其援助而省下的资源本可以用来升级美国在空中、海上和陆地边境上的防御姿态。杜鲁门总统还是不能解释拯救土耳其免遭共产主义荼毒，与保卫美国主权和人民的自由有怎样的联系。

杜鲁门主义和小布什总统 2007 年的国情咨文之间有直接联系，后者号召国家使世界免于饥饿、贫穷和疾病：

> 美国的对外政策不仅仅是关于战争和外交的。我们在世界上的工作还基于一个永恒的真理：得天独厚者，须替天行（善）道。我们响应这一号召，承担饥饿、贫穷和疾病的挑战，而这也正是美国之所为。⑩

　　布什总统在其第二次就职演说中还表达了更多的乌托邦理想和改革激情，誓要终结世界的暴政并将自由和自治带到世界的每个角落，他说这事关美国的责任和国家生存。杜鲁门的指示被另一个竞争的超级大国抑制着，后者随时准备利用美国不自量力失败的时机，而布什总统胜过了他：

　　　　我们受常识的指引和历史的教诲，得出如下结论：自由是否能在我们的土地上存在，正日益依赖于自由在别国的胜利。对和平的热切期望只能源于自由在世界上的扩展。

　　　　关系到美国生死存亡的利益和我们基本的信念合二为一。自立国始，我们就宣示：生于世间的每个男女都拥有他们的权力、尊严和无可比拟的价值，因为他们拥有天地创造之神的形象。每一世代，我们重申着自治政府的重要性，没有什么人应该是主人而另一些人应该做奴隶。实现这一理念的使命是我们的立国之本。我们的先父荣耀地完成了这一使命。进一步扩展这一理念是国家安全的要求，是我们时代的当务之急。

　　　　有鉴于此，美国的政策是寻求并支持世界各国和各种文化背景下成长的民主运动，寻求并支持民主的制度化。最终的目标是终结世间的任何集权制度。⑪

　　杜鲁门教条的荒谬性比冷战还持久。小布什总统救世主式的国家目标定义得到了奥巴马总统的附和，在诺贝尔和平奖的获奖演说中，奥巴马继续认为美国人的自由和幸福依赖于美国让同样的福祉泽被世界。

　　第一个正统观念荒唐地强调要强化国家安全就必须维护国际

稳定，它也启发了杜鲁门主义。杜鲁门总统这样说教道：

> 我们不能听任用诸如胁迫这类方法，或政治渗透这样的
> 诡计，违反联合国宪章来改变现状。美国帮助自由和独立的
> 民族去维护他们的自由，将有助于联合国宪章的原则发挥
> 作用。[12]

然而杜鲁门并没能解释为什么维护国际现状有利于美国安全
和繁荣。美国已经允许了大量违反联合国宪章的变动，结果也并
未损害其安全、自由或经济成功。印度通过军事手段吞并了果
阿、锡金和克什米尔，并孕育了 1971 年成立的孟加拉国。印度尼
西亚 1975 年征服了东帝汶（1999 年又被迫同意其独立）。苏联
1956 年和 1969 年分别对匈牙利和捷克斯洛伐克进行军事干涉，
以镇压两国国内的异议或反叛。违反宪章以军事手段改变现状的
清单可以没完没了地列下去，而这些变动都不会影响美国的主权
或国家安全。

而且，以军事进攻或其他手段拓展疆域的国家通常会减少它
对美国的威胁。占领某地或控制充满敌意的当地人民需要耗费大
量的军事和经济资源，军事入侵因而往往削弱了侵略者的力量。
冷战期间直到 1989 年柏林墙倒塌，苏联对中东欧的控制就是典型
代表。在这段时间里，苏联面临过来自民主德国（1953 年）、匈
牙利（1956 年）、捷克斯洛伐克（1968 年）以及波兰（1970 年、
1976 年和 1980 年）的暴动和令人头疼的反抗。罗马尼亚在专制
的尼古拉·齐奥塞斯库（Nikolai Ceausescu）总统的领导下规划了
独立的进程。南斯拉夫在铁托的领导下走上了自己的道路。苏联
并不能放心地将核武器托付给中东欧的卫星国，因为它怀疑它们

的忠诚度。它们的存在使得每年苏联的对外资助承担着数十亿美元的经济重负。它们对苏联的全球军事野心或姿态毫无贡献——无论是否在华约的保护伞下。它们没有派兵参加 1979 年苏联在阿富汗的作战。在苏联与中国就乌苏里江边境发生的周期性冲突中，它们也没有与红军协作过。它们没有派兵或以其他方式援助苏联在安哥拉、索马里、埃塞俄比亚的军队。它们也没有贡献出科学家参与开发大规模杀伤性武器。

为了预防破坏、击败当地的暴动，军事占领需要令人难以置信的花费，因此军事征服者通常都是在烧钱。纳粹德国在"二战"中占领法国削弱了自身实力。大英帝国简直就是在吸干英国的经济。1946 年美国同意菲律宾独立，获得了大量财富，如果波多黎各选择成为独立国家，美国还会获得更多。美国应该为其他国家之间进行的那些愚蠢的战争感到欣喜，这些战争削弱了它们进攻美国的能力。1979 年苏联入侵阿富汗——而非星球大战计划——才是苏联的坟墓。

即使政府扩大了国家权力，无论国外怎么发展，美国军事巨人的形象加上它令人震惊的反击能力足以组织任何对美国主权的袭击。

国父们强烈反对卷入外国纠纷，因为这势必侵蚀宪法的使命和哲学。[13] 联合国宪章这一由美国参议院批准的条约便是一个有说服力的证据。以维护国际和平与安全的名义，宪章的第七章意图授权总统在联合国安理会要求下单方面将美国军队投入战事。第七章将战争权委托给一个并不对美国负责的国际机构，实在是公然违宪。

最高法院认为某些立法权是不能被委托的。在 1998 年"克林顿诉纽约市"案中最高法院判决国会不能通过"择项否决权"将纳税和支出权委托给总统。而国会的宣战权比纳税、支出权还要重要得多。宪法的缔造者不容争辩的意图即是将这一权力仅授予国会。

朝鲜战争恰恰说明了规避这一清楚的意图造成的灾难性后果。派军之前，杜鲁门总统取得了联合国安理会的决议，授权动武回击朝鲜 1950 年 6 月 25 日对韩国的进攻，朝鲜的这一犯规行为并未对美国造成任何貌似真实的威胁，却造成了 33 000 名美国士兵的牺牲，从宪法来讲这是不正当的。[14]

杜鲁门主义宣称要援助自由民族抵抗外国压迫者，在建立美利坚帝国的时候，这种意图往往被忽视了。冷战期间现实政治超越了一切民主和人权的考虑。美国行为的动机都是反对苏联及其回击能力，而不是为了不惜代价提倡民主和人权。尽管韩国总统李承晚行事专制独断，杜鲁门总统在朝鲜战争中还是支持他。1960 年李承晚因选举作弊遭到民众抗议，被迫辞职。

中东欧的人民在试图脱离违背雅尔塔协议的中东欧共产主义卫星国体系时，杜鲁门并未给予任何实质性的帮助。德国与柏林被迫分裂。捷克斯洛伐克在 1948 年落入了共产主义的势力范围。匈牙利在 1947 年也如此。美国却并未采取军事干预来保护自由民族免受压制。

艾森豪威尔总统依照 1953 年《马德里条约》扩大对西班牙独裁者弗朗西斯科·佛朗哥（Francisco Franco）的援助和军事协助，却对 1956 年匈牙利人反抗苏联统治的行动袖手旁观。1958 年他又试图颠覆不结盟的民选印度尼西亚政府，扶植非民主的力量。肯尼迪总统反对共产党的北越，支持南越的专制，却不去阻止柏林墙的建立和共产党人接管老挝。林登·约翰逊支持多米尼加共和国的非民主政权，表面上是为了阻止共产主义或社会主义的政府掌权，却眼睁睁看着苏联终结了布拉格之春。尼克松总统与尼加拉瓜政治强人安纳斯塔西奥·索摩查（Anastasio Somoza）建立起紧密的关系，颠覆智利的萨尔瓦多·阿连德（Salvador Allende）政府，扶植军事独裁者奥古斯托·皮诺切特（Augusto Pinochet）。福特总统支持南非和罗得西亚的反共、种族主义政权。卡特总统热心于伊朗国王。尽管沙特阿拉伯的宗教偏执劣迹斑斑（孕育了本·拉登与"9·11"），但它拥有丰富的油气供应量，因而每一任总统都是它坚定的朋友。这些例子还可以无限地列举下去，它们无一不显示出杜鲁门主义的道德空虚。难怪国父们会英明地怀疑任何一个国家以利他主义或殉道精神作为外交政策指南的宣言。

第二个似是而非的正统观念早在美西战争之时就开始酝酿，美国的繁荣依赖于维护世界的和平与稳定，因而需要军事部署来保护贸易路线和战略经济资源的获取途径。艾森豪威尔总统在1953年10月7日新奥尔良的演讲中提出了这种普遍接受的观念：

> 今天我们的整个经济都转向了并依赖于通过新奥尔良这样的港口进行的世界商贸……随着产业速度的升级，我们产业的这种依赖性也势必增加。为什么我们要在世界上广交朋友？这就是最有力的实际原因。我们知道有敌意的国家是不会和我们做生意的，除非贸易只给它们带去便利。这就意味着如果我们的必需品进口来源地区被敌对的势力所控制，美国的生产线也就任由那些希望破坏它的人摆布了。

> 但是对外贸易绝不只是从其他国家获取关键的原材料。

它要求我们最大限度地在世界范围内有效地广交朋友——不仅仅是增强它们自己的经济，使它们不再需要更发达国家的直接经济援助，还要让它们从我们这里购买我们必须销往世界的东西。

一旦我们的朋友能向我们卖东西，我们就立刻帮助它们变得强大，让它们挣到钱，反过来它们又可以用这些钱来帮助我们的经济变得更健康、更进步。显然，我们在国外需要这样的朋友，就正如它们需要我们一样。[15]

在另一个场合，艾森豪威尔进一步说道：

在我看来，外交政策就是，或应该是主要基于一个考量，那就是美国需要获取某些原材料以保证经济的可持续发展，以及可能的话维持有利可图的外国市场以保持盈余。出于这种需求，美国就有必要确保那些生产关键原材料的地区不仅能让美国畅通无阻，而且其人民和政府都愿意在友好的基础上与我们进行贸易。[16]

第二种正统观念促使美国在海外建立起数以百计的军事基地并部署了一个强大的蓝水海军。

然而所谓的"敌人"却从未拒绝过美国或其他国家获取战略物资或进行贸易。走私、贿赂，或急于生财的中间人一直都在规避最严密的禁运。苏联1979年入侵阿富汗以后美国对苏实施小麦禁运，苏联却从西班牙或阿根廷这样的中间人手里购入了更多的小麦，从而轻松地智胜美国。赤贫的朝鲜饿殍遍野，面临大规模的国际禁运却仍然肆无忌惮。菲德尔·卡斯特罗的古巴50多年里都躲过了美国的禁运。尽管美国每年有440亿美元的开支，雇用着世界上最熟练的军队和执法人才，但它还是不能削弱满足数百万美国消费者的毒品洪流入境之势。⑰

石油输出国组织 1973 年 10 月发出的石油禁运最后失败了。禁运前石油供应的确紧张，短缺的出现是因为尼克松总统控制价格，随着原油价格攀升他缩减了对独立加油站的汽油供给。到 1973 年 5 月——距石油输出国组织禁运还有 5 个月的时候，1 000 家加油站因原料短缺而关闭。⑱免受禁运的国家增加从石油输出国组织成员国的原油购入，然后转售给美国。沙特石油部长亚玛尼（Sheikh Yamani）亲王都承认禁运"并不意味着我们能减少对美国的出口……世界其实就是一个市场。所以禁运不过是象征性的"。⑲前美国国务卿亨利·基辛格也这样认为："事实上，阿拉伯的禁运只是一种象征性的姿态，实际的重要性非常有限。"⑳石油输出国组织削减石油产出的承诺也十分短暂，1974 年 1 月它们就增加了 10% 的石油产量，有效地结束了所谓的危机。相反，2008 年没有任何禁运或战争，美国的经济还随着原油价格的飙升陷入不景气的低迷之中。

狂热反美的政权急切地同美国开展贸易。委内瑞拉总统乌戈·查韦斯（Hugo Chavez）污蔑美国是"巨大的撒旦"、委内瑞拉的敌人。㉑但是委内瑞拉还是同美国保持着广泛的商业联系。它是最大的拉美投资者之一，并跻身美国国外石油供应商的前四位。㉒2007 年两国的双边贸易额达到了 500 亿美元。㉓美国的大敌伊朗在小布什总统任期内增加了十倍的对美进口。㉔如果法律禁令解除，伊朗甚至会向美国出售石油。

从历史上来看，国际秩序的不稳定通常是增强而非抑制了美国的经济发展。一战期间，早在第一个美国士兵踏上法国领土之前，美国与欧洲之间的贸易就已激增。1911～1916 年，美国与意大利的贸易额从 107519515 美元蹿升至 363765648 美元；与法国的贸易额从 250068348 美元增加到 969714125 美元；同英国的贸易额从 788932491 美元增长到 2192867617 美元。同一时期美国同欧洲的贸易额不止翻了一番：从 2063466098 美元增至 4446595210 美元，其间欧洲大陆上还在战火纷飞。㉕

珍珠港事件之前，美国与欧洲的贸易稳步扩大，1931～1935 年的平均贸易额为 959989 美元，1936～1940 年为 1332087 美元，仅 1940 年一年的贸易额就达 1643174 美元，1941 年为 1840052 美元。同亚洲的贸易也出现了类似的剧增，虽然从 1937 年到战争结束日本的侵略一直在持续。美国与亚洲的年均贸易额从 1931～1935 年的 349911 美元增至 1936～1940 年的 532283 美元，1940 年的贸易额为 619210 美元，1941 年则达到 625198 美元。㉖美国财富的激增又一次在美国士兵卷入敌对之前便出现了，而且适逢一个空前的国际动荡时代。尽管美国在一战中终止了同奥匈帝国和德国的贸易、在"二战"中终止了同德日的贸易——它们都是敌对状态开始以前美国主要的贸易伙伴，但是美国还是从全球动乱中获得了令人瞠目的繁荣。总之，国际纷争通常是美国经济的强心剂。

无论如何，美国的经济其实并不依赖于国际贸易。㉗2008 年美国的出口额占 GDP142600 亿美元的 13.1%。㉘这 13.1% 中，或 18600 亿美元中，17.6% 出口加拿大、12.0% 出口中国、10.8% 出口墨西哥、6.1% 出口日本、4.5% 出口德国、3.3% 出口英国㉙，其他国家合起来占不到 3%。所有的数据都可以同此前的数据进行比较。这六个国家的付款构成了美国 GDP 的 7.1%，其中加拿大、中国和墨西哥占了绝大部分。

韩国占美国出口的 2.4%，仅占 GDP 的 0.3%。对美国经济的健康而言，在那里驻扎成千上万的美国士兵是不必要的。

尽管民主、国际稳定和经济安全这些观念明显有问题，美利坚帝国还是常常援引它们来为自己的全球军事部署、无穷无尽无处不在的战争和国家安全状态正名。

罗马帝国为着同样的目的设计了相应的谎言或迷思。约瑟夫·熊彼特在 1919 年的论文《帝国主义社会学》中描述道：

> 在世界的每个角落，所有利益都被称作是处于危险之中或遭受着实际的袭击。若这利益不是罗马的，便是罗马的盟友的；若罗马没有盟友，那就发明盟友。当实在是完全不可能设计出这样的利益了——那么就是国家荣誉遭到了侮辱。战争总是要以合法性的光环作为装饰。罗马总是被邪恶的邻国袭击，总是在为喘息之地而战。整个世界充斥着一群敌人，很明显罗马有义务防范他们毫无疑问的攻击预谋。[30]

注　释

① Sir Winston Churchill, *The End of the Beginning*: *War Speeches*, Manchester: Ayer Co., 1977, p. 268.

② George R. Goethals, *Encyclopedia of Leadership*, Berkshire Publishing LLC, 2004, p. 1761.

③ 同上。

④ 同上。

⑤ 同上。

⑥ John Quincy Adams, "Speech to the U. S. House of Representatives on Foreign Policy

（July 4，1821），" *Miller Center of Public Affairs*，*UVA*，http：//millercenter. org/ scripps/archive/speeches/detail/3484（accessed on April 15，2010）.

⑦ XYZ 事件是 1797 年发生在美法之间的外交事件，法国外交部长塔列朗的三位代理人（在最初公布的保密外交文件中被分别称为 X、Y、Z）向前来进行和谈的美国总统约翰·亚当斯的外交使节索取巨额贿赂，作为继续谈判的条件。事件被披露后引发了美国的反法浪潮，美法关系进一步恶化，1798 年美国对法国不宣而战。

⑧ Piers Brendon，*The Decline and Fall of the British Empire*，Random House，2007，p. 113.

⑨ Philip P. Pan，"Georgia Set off War，Probe Finds，" October 1，2009，http：// www. washingtonpost. com/wp － dyn/content/article/2009/09/30/AR2009093004840. html（accessed on April 21，2010）.

⑩ George Bush，"Bush：State of Union is Strong，" *CNN. com*，Jan. 23，2007，http：// www. cnn. com/2007/POLITICS/01/23/sotu. bush. transcript/index. html（accessed on April 15，2010）.

⑪ George Bush，"Transcript：President George Bush's Second Inaugural，" *Fox-News. com*，Jan. 20，2005，http：//www. foxnews. com/politics/2009/01/17/tran-script － president － george － w － bush － second － inaugural/（accessed on April 15，2010）.

⑫ Harry Truman，"President Harry S. Truman's Address before a Joint Session of Congress，March 12th，1947，" *The Avalon Project*，*Law. Yale. edu*，http：// avalon. law. yale. edu/20th_ century/trudoc. asp（accessed on April 15，2010）.

⑬ George Washington，"George Washington on Foreign Affairs September 19，1976，" *Library of Virginia*，http：//www. lva. virginia. gov/lib － edu/education/psd/nation/ foreign. htm（accessed on April 15，2010）.

⑭ 依据美国国防部的数据，33000～37000 人左右在朝鲜战争中丧命。"U. S. Relations：The Korean War，" *PBS*，October 19，2006，http：// www. pbs. org/newhour/indepth _ coverage/asia/northkorea/relations. html（accessed on April 17, 2010）.

⑮ President Eisenhower, "Address in New Orleans at the Ceremony Marking the 150th Anniversary of the Louisiana Purchase, October 7, 1953," http://www. eisenhowermemorial. org/speeches/19531007% 20Address% 20at% 20150th% 20Anniversary% 20of% 20the% 20Louisiana% 20Purchase. htm（accessed on April 15, 2010）.

⑯ Michael T. Hayes, "The Republican Road Not Taken: The Foreign – Policy Vision of Robert A. Taft," *The Independent Review*, Vol 8, No. 4, Spring 2004, p. 518, http://www. independent. org/publications/tir/article. asp? s = 37.

⑰ Jeffrey Miron, "Legalize Drugs to Stop Violence," *CNN*, March 24, 2009, http://www/cnn. com/2009/POLITIC/03/24/miron. legalization. drugs/index. html（accessed on April 21, 2010）.

⑱ Jerry Taylor, "Time to Lay the 1973 Oil Embargo to Rest," *CATO Institute*, October 17, 2003, http://www. cato. org/pub_ display. php? pub_ id = 3272（accessed on April 22, 2010）.

⑲ 同上。

⑳ 同上。

㉑ "Handshake with Obama Belies Chavez's Contempt for America," *Fox News*, April 20, 2009, http://www. foxnews. com/politics/first100days/2009/04/20/concerns – brewing – obamas – warm – embrace – chavez/（accessed on December 17, 2009）.

㉒ Council on Hemispheric Affairs, "The United States and Venezuela: More Than Just a Gun Show," August 12, 2008, http://www. coha. org/2008/08/the – united – states – and – venezuela – the – gun – show/（accessed on April 19, 2010）.

㉓ 同上。

㉔ Associated Press, "U. S. – Iran Trade Stronger than Most Suspect," *Fox News*, July 8, 2009, http://www. foxnews. com/story/0, 2933, 378167, 00. html.

㉕ Statistical Abstracts 1901 – 1950, *U. S. Census Bureau*, http://www. census. gov/prod/www/abs/statab 1901 – 1950. htm（accessed on April 19, 2010）.

㉖ 同上。

㉗ 出口是评估 GDP 的重要组成部分。出口大于进口时，GDP 上升，进口大于出口时，GDP 下降。虽然进口肯定为美国消费者带来好处，但是它对于以 GDP 来衡量的美国繁荣有负面影响；因而分析美国出口量对于我们的分析已经足够。对美国的对外直接投资也不重要，可以忽略不计。另外，出口的趋势类似于进口。美国最大的进口来源国是中国、加拿大、墨西哥、日本、德国、英国。

㉘ Unites States of America，"U. S. Export Fact Sheet，" U. S. Department of Commerce，released February 11，2009，http：//www. trade. gov/press/press_ release/2009/exportfactsheet _ 021109. pdf；CIA Factbook，"UnitesStates，" *CIA*，http：//www. cia. gov/library/publications/the － world － factbook/geos/us. html（accessed on April 22，2010）．

㉙ U. S. Census Bureau，Foreign Trade Statistics，http：//www. census. gov/foreign － trade/statistics/highlights/top/top0812yr. html（accessed on April 22，2010）．

㉚ Joseph Schumpeter，*Imperialism and Social Classes：Two Essays*，Meridian Books，1951，p. 51.

第六章　国家安全十字架之上的法治之殇

宪法规定的权力制衡原则在战时遭到了严重的破坏。秘密战胜了透明；违法行为借国家安全之名逃避起诉和惩罚。美利坚帝国无法无天地发起战争就是它亵渎法治的象征。

1950 年 6 月 25 日，朝鲜对韩国发起恶意的军事攻击，意图将朝鲜半岛统一在共产主义之下。成立伊始的联合国谴责朝鲜的进攻行为"破坏和平"，呼吁它撤回"入侵"的军队，并要求所有的联合国成员国为执行决议的多边组织"给予所有可能的援助"。未经与国会领导人协商，哈里·杜鲁门总统就承诺美国海军和空军力量会帮助保卫韩国。杜鲁门援引联合国决议作为批准条件。

6 月 29 日，杜鲁门在一次总统新闻发布会上将自己作为总司令官的所作所为描述成一种"警察行动"的一部分。一位记者问道："总统先生，这个国家每一个人都在疑惑：我们是否处于战争状态之中。"①杜鲁门以一句简单的宣言作为回答："我们并未处于交战之中。"另一位记者问道："按照您的解释，是不是应该将现在的状态称为在联合国授权之下的一次警察行动？""是的。"杜鲁门回答道："正是如此。"②6 月 29 日的"警察行动"声明发出几个小时之后，杜鲁门命令美国陆军的分遣部队进驻韩国，一

天之后再次增加了更多军队。两周后，在 7 月 13 日总统新闻发布
会上，一位记者提问："现在您仍然将此称作警察行动吗？"杜鲁
门给予了肯定的回答，但是将"行动"一词换成了"反应"："是
的，它仍然是一种警察反应。"③虽然事实的真相是美国军舰"朱
诺"号在注文津附近击毁了朝鲜的鱼雷艇，来自"福吉谷"号航
空母舰的美国飞机空袭了朝鲜军用机场，从 6 月 29 日到杜鲁门总
统召开新闻发布会的 7 月 13 日，第 24 师的第 34 步兵团在乌山与
共产党的军队已经开展了持续两天的军事行动，杜鲁门仍然做出
了这样的回应。④

杜鲁门总统自以为是地将朝鲜战争行为描述为一种"警察行
为"，欺骗国会和美国民众，目的就是规避宪法规定的国会宣战
权。他担心国会拒绝将应征入伍的美国军人派遣到国外，为那些
并不忠于美国也没有公民责任的韩国人鞠躬尽瘁。杜鲁门个人传
记的作者大卫·麦卡洛（David McCullough）在书中写到，杜鲁门
非常忧心"现在提交国会只会使以后的总统更难（规避宪法）处
理紧急情况"。⑤

1950 年 6 月 29 日，国务卿迪安·艾奇逊（Dean Acheson）称
美国在朝鲜半岛的所有行动都是"在联合国授权之下的"。但是
总统宣誓要拥护并捍卫的是美国宪法而非联合国宪章或其他有悖
宪法规定的条约。最高法院在 1957 年的"里德诉科弗特"（Reid
v. Covert）一案中这样解释道：

> 宪法最高条款第六条规定：
> "本宪法和依本宪法所制定的合众国法律，以及根据合
> 众国的权力已缔结或将缔结的一切条约，都是全国的最高法
> 律……"

该文本中并未暗示条约和依条约颁行的法律能藐视宪法，而伴随着宪法起草和批准过程的辩论中也未有任何提及此种结果的言论。有关批准第六条款规定的历史和相关辩论都明确地指出，这里的"条约"不仅限于依宪法制定的原因在于邦联时期的美国所签订的协议——包括结束独立战争的重要和平条约在内——都要同样有效。若将第六条款解释为允许美国不遵守宪法禁令、仅在国际协议的框架下行使权力，则是与宪法之父和人权法案起草者们的目标南辕北辙——更是完全违背我们的整个宪法历史和传统的。事实上，这样的解释可以允许修正文本，又不会违背第五条款。宪法禁令应适用于国家政府机构的所有分支，行政机关或行政机关、参议院联合起来都不能废止它。

换言之，联合国宪章协议如果授权总统在未取得国会授权的情况下将美国军队卷入战争，那么它事实上是违宪的。

艾奇逊领导的国务院发布了一份列有 87 例总统单边派遣美国军队参战事例的备忘录，试图借此将杜鲁门的违宪决定合法化。[6]宪法的理论是"总统作为美国的三军统帅，享有对三军的完全控制权"，总统"历来有未问询国会即可动用三军的权力"，而且总统这样做通常也符合"美国外交政策的广泛利益"。[7]民主党参议员保罗·道格拉斯（Paul Douglas）十分支持杜鲁门这委婉的"警察行为"作风。他援引联合国的决议，称美国军队把朝鲜驱逐回三八线以北的行动"并非战争行为，只是在国际制裁中行使警察权力而已。"[8]

艾奇逊、国务院和道格拉斯所援引的先例并不能让人信服，因为这些事例都仅限于打击海盗行为——一种全球犯罪行为，或保护海外美国人的生命与财产。学者费舍尔（Louis Fisher）这样描述那些先例，它们"大部分都是打击海盗、小型海军分遣队在野蛮或半野蛮的沿海地区进行登陆作战、派遣小分队在墨西哥边境追赶强盗或偷牛贼之类的作战"。[9]

国务院给出的例子并不是针对主权国家的持续性大战。如果它们真是这样的战争，那么宪法将战争责任授予国会的理由——出于对总统的不信任，认为总统会倾向于以政府的其他分支机构、个人自由和透明性为代价，发动战争扩大自己的权力——就完全无疾而终了。

费舍尔彻底揭穿了杜鲁门和艾奇逊的宪法论据。他指出，联合国宪章的历史表明，国会从未试图放弃其战争权力。宪章起草之际，历史摆在眼前——当威尔逊总统和参议院就凡尔赛条约发生冲突时，美国最终没有加入国联。威尔逊拒绝接受参议员亨利·加博·洛吉（Henry Cabot Lodge）提出的用于保护国会宣战权的修改意见。

1945 年 7 月 27 日参议院就联合国宪章展开了辩论。杜鲁门从波茨坦拍了一封电报给参议员肯尼思·麦凯勒（Kenneth McKeller），承认自己若要与安理会订立特殊协议，为执行安理会决议出兵或给予其他军事援助，就有义务先获取国会的战争授权："当我们在为任何这样的协议进行协商时，我都有意恳求国会颁布适当的法令批准这些协议。"[10]基于此，参议院以 89 票赞成 2 票反对的结果批准了联合国宪章。

1945 年的《联合国参与法》与此类似，它要求所有要使用美国军队的联合国特别协议都"应由国会以适当的法案或联合决议的形式予以批准"。[11]国会没有允许任何特例的宪法权力。开国之父们相信只有国会能决定人们的生命和自由是否要因战争而面临风险，因为合法的交战状态只会削弱而非增加国会的权力。

杜鲁门总统在一次新闻发布会上坚持认为总统未经国会指令向外派遣军队的权力"是一再受到国会和法院认可的"。[12]杜鲁门无视判例法，声称"在这一问题上你至少能找到三位大法官做出了同样的裁决"。[13]这所谓的裁决不过是总统的臆想。最高法院早在战利品案中即公开宣称，唯有国会有权针对外国发起战争。

1952年杨斯顿钢铁公司总统权限案[14]中，罗伯特·杰克逊（Robert Jackson）大法官在一个极富远见、广受赞誉的论断中强调了朝鲜战争的违法性及其导致的不受限制的总统紧急命令权。该案中，法院认为，杜鲁门总统为避免罢工危及战争物资的生产，单方面以三军总司令的身份接管私有的钢铁厂属于违宪行为。对于总统为自己的辩护——他认为自己有权未经国会授权或支持便发动作战，杰克逊大法官这样回应道：

> 一经审问，这一说法的逻辑似乎就站不住脚——总统自主地外派美国军队可以追溯到"肯定性权力"的法案，该法案可以支持总统为军队保障足够的钢铁供应。引用他的话：
>
> "或许对与此相关的总统权力范围最有力的说明当属这一事实：是总统行使宪法权力将美国军队遣往朝鲜，他们的生命和效力与国内状况直接相关。"
>
> 据此，他赋予了自己"战争权"。我无法预见如果法院认可这一说法会招致什么样的结果。我们的宪法中直白无误地写着宣战权仅授予国会。当然，事实上战争状态也可能未经正式宣战便存在。但是在我看来，总统的外事行为在很大程度上不受控制，甚至经常不为人所知，以一己之名将国家的军队派遣到国外从事一些冒险的事业，并以此极大地扩展

自己对国内事务的控制力，其险恶和令人担忧的程度是任何法院所能颁布的法令都远远不及的。然而，我觉得考虑朝鲜一事的法律地位、羞辱与之相关的争论也没有必要且并不合适。

假设我们正处于事实上的战争状态——不管是不是法律意义上的战争，难道这就意味着三军统帅有权接管他认为能供应军队的产业？宪法明确无误地规定国会有权"供养和支撑陆军"、"供给并维持海军"。国会当然地具有供给军队的首要责任。国会独自掌管着岁入的收纳和拨款权，有权决定以何种方式、用何种手段将税收用于军事和船舶采购。我想没有人会怀疑国会能以国营企业的名义接管战争供给。

不过杰克逊也预见到如果国会疏于维护宪法划给自己的地盘，要想预先阻止总统的越权行为，法院已是无力回天。

但是如果国会还不明智及时地面对自己的问题，我对于本庭作出的任何裁决都不抱幻想，它们都无法确保国会权力在握。这场危机同样也是对总统的挑战，或许可以说主要是对国会的挑战。"工具属于善于利用它们的人"——若非好的法律，这也是拿破仑格言中的世俗智慧。我们可以说紧急状态下的立法权握于国会之手，但是也只有国会自身能阻止这一权力不翼而飞。

我们自由政府的精髓是"不是由于任何人的许可，而是在法律之下无拘无束地生活"——由我们称为法律的客观力量来管理。我们政府建立的目的即是在人力所能及的范围内实现这一理念。除了提案权和否决权，行政机关不具有立法权。我们这里所见到的行政行为是出于总统个人的意愿，代表着目无法律地行使职权。没有人（即便是总统本人）知道在该案中他试图行使的这一权力的界限，相关的党派也不知道他们自己权利的界限。今天如果我们将政府的占有合法化，那么我们就不知道该从中索取哪些对劳工和财产的控制权，也不知道要求或认可哪些补偿权利，或在何种应急情况下这种占有会结束。尽管将行政机关置于法律之下，法律由国会审议制定会有诸多缺陷、延迟和不便，但除此之外，人们还没有发现其他能长期维持自由政府的途径。

这样的制度安排或许注定要消逝，但是法院的责任是坚守到最后，而非第一个放弃它。

朝鲜战争是公然的违宪，总统－国会－司法三部门之间就这一点交换过意见，一切已是盖棺定论。然而当时国会和美国人民都没有站出来抗议。美利坚帝国的政治文化放纵了大量的违宪罪行。

时间从朝鲜跳转到2003年的伊拉克，联邦法院接到一起诉讼案件[15]，质疑国会将决定是否对伊拉克开战的权力转交给小布什总统的合宪性。联邦上诉法院在一审中驳回该案，其理由与不授权要求的法律依据没有任何关联。

美利坚帝国漫不经心地接受了总统宣战这一目无法纪的行为，使其在事实上符合了宪法。2003年3月攻打伊拉克之前，一位记者质疑小布什总统的开战行为，他声色俱厉地说："有权决定的是我，不是你。"[16]国会独有的权力在提问和回答中都被忽略了。同样，希拉里·克林顿在2008年的总统选举活动中声称如果伊朗袭击以色列，她将单方面地将前者夷为平地，没有一个竞选对手或是媒体成员对此表示震惊和质疑。奥巴马总统的诺贝尔和平奖演说中断言，无论何时，只要总统发现来自某个国家或非国家行为体的外来威胁之时，他都有单方面发起战争保卫美国的权力，同样并未引起愤慨。这些言论还认为奥巴马总统单方面地将酷刑逼供立为非法，虽然其非法性有赖于联邦法令和条约。

若美国人民从中受益，那么以国家安全为名的无法无天还是能得到部分宽恕。然而他们并未受益。杜鲁门在朝鲜的违宪战争造成的结果是 33 000 多位美国人血洒疆场、136 000 多人伤亡，外加庞大的预算开支。[17]对于捍卫美国主权、美国宪法、美国人民的自由而言，这场战争毫无意义。

假想一下，当中苏支持下的共产主义朝鲜袭击甚至打败了独裁的韩国之时，美国无所事事地旁观，美国并不会变得不那么安全。它本可以将朝鲜战争中的物资用于建设改进导弹防御体系、间谍机，巩固国家边防。朝鲜也不会袭击美国本土或财产，因为它既没有这个能力也缺乏这样做的动机。它从未展现过跨越太平洋的帝国野心，甚至还需要大量的中国军队的援助才能避免战争失败。若它袭击美国则是以卵击石，自寻死路。

朝鲜若征服了南部只会使它自己的军队和安全设施卷入与更有教养、更先进的韩国人之间无尽的冲突之中。那些国内的动乱只会进一步阻碍朝鲜针对美国的任何冒险行为。而美国经济利益并不会受到干扰。美国同韩国的贸易仅占国民生产总值的一小部分，而美国同共产主义治下的朝鲜之间的贸易说不定还会像同中国、越南那样繁荣。最后，如果美国拒绝卷入朝鲜的冲突，朝鲜是否就能获得核武器和发展出高级的导弹系统还值得怀疑。朝鲜的核野心主要是出于对美国以武力、暴力或渗透的手段推翻其政权的恐惧。美国在韩国的军事基地拥有数以万计的驻军，加上美利坚帝国为所谓的人道主义事业进行军事干预的信条，都加深了朝鲜的不安。

与朝鲜战争一样，越战也是一场违宪的灾难。数万名美国军人因此牺牲，成千上万人受伤，还有大量的人饱受二噁英造成的疾病折磨。凝固汽油弹毁掉了乡村，美莱村的妇女和儿童惨遭屠戮，囚犯被关押在虎笼里。秘密轰炸柬埔寨一事瞒过了国会和美国人民。亿万美元就为这样一件愚蠢的差事打了水漂。为追踪胡志明投掷的炸弹总量比整个二战期间的还多，也毫无结果。

林登·约翰逊总统在两件"东京湾"事件上欺骗了国会和美国民众——根据宪法第四部分第二条，分别是一起严重犯罪和轻罪，都足以用于弹劾总统并将其撤职。这一骗局说服国会在1964年8月10日通过了东京湾决议：众议院全票通过该决议，而参议院的投票结果是88票赞成2票反对。该决议违宪地委托总统决定对北越开战，以保护那些对美国既无义务也无忠诚的南越人。

据称1964年8月2日和4日，北越的战船在离美国本土千里之外的地方袭击了美国船只。4日当天约翰逊在对美国公众的一次演讲中极力夸大来自北越的威胁，以此为战争正名，扩张自己的权力：

> 8月2日对"马多克斯"号驱逐舰的袭击今日重演了，数只敌对船只用鱼雷袭击了两艘美国驱逐舰。进攻发生后，我在第一时间给出指令，驱逐舰及支援飞机立刻行动……在更大意义上，这次直接针对我们军队的进攻，再一次提醒了美国国内的每一个人争取东南亚的和平与安全是何等重要。

现在已不仅是针对南越良善村民的恐怖进攻行为，还出现了在公海上针对美国的公开侵犯行为。[18]

1964 年 8 月 5 日，约翰逊在对国会演讲中阐述说：

> 昨晚，我向美国人民宣布北越政权对在公海执行任务的美国海军船舰蓄意发起了进攻，我继而命令空中力量对炮艇及其支援设备进行反击……北越政权这些最新的行动为东南亚本已严重的局势带来了全新而沉重的转机。[19]

约翰逊总统说这些攻击是无缘无故的，这简直荒唐。他掩盖的真相是，1964 年 2 月 1 日，他启动了一项对北越进行海岸和空中偷袭的秘密计划，即 34A 行动计划，其中便利用"马多克斯"号和其他专用船只在计划行动中收集情报，识别北越军事目标。1964 年 6 月 30 日，南越突击队在共产党掌控的宇岛和湄岛发起大型两栖作战，彼时"马多克斯"号就在 120 英里之外监控着此次袭击。第二天晚上，湄岛遭到炮轰，"马多克斯"号就在附近，这估计是 34A 行动计划的一部分。据有些历史学家的研究，"马多克斯"号搜集的情报很有可能被用于协调或发起进一步的隐蔽行动。[20] 8 月 2 日那场恶名昭著的袭击之前南越还有一次偷袭的行动，当时美国战舰也在不远处。与约翰逊总统搪塞的说法相反，这次袭击是美国挑起的。

约翰逊还隐瞒了一点，他的国防部长也认为他在 8 月 2 日的事情上欺骗了美国民众，而且第二次东京湾事件的报告中还存在着该事件究竟有没有发生的争议。它并没有发生。来看 1964 年 8 月 3 日麦克纳马拉和总统就第一次袭击的部分讨论片段：

　　罗伯特·麦克纳马拉："……总统先生，我认为我应该，或者说我们也应该同时解释一下这个34A计划和这些秘密行动。其他的都没有问题，但是它会有什么样的影响呢？您可能已经知道了，周五晚上，我们有4辆南越的TP（原文如此）船袭击了两个岛屿，驾驶员是越南人或其他侨民，这样那样的子弹我们一共耗费了，噢，1 000发呢。我们可能向一个雷达站和其他一些建筑射击了，此后24小时之内我们的驱逐舰都在那一片海域，人们必然会把这两件事情联系起来……"㉑

　　约翰逊总统："好的。我们究竟做了什么呢：我们当时是在12英里［领海］界线以内，不过这还是个有争议的问题。在那片海域我们在进行着某些秘密行动——炸掉某些桥梁之类的东西，还有公路等等。所以我想他们是想要制止我们。于是他们就从那里站出来朝我们开火，那么我们也立即用驱逐舰上五英寸口径的大炮和空中力量予以回击。"㉒

　　国防部长在收到第二次对美军的袭击报告后（这次袭击促使总统以空袭反击），"马多克斯"号船长赫里克立即发回另一封报告称："重新审视行动，我发现许多此前报告的接触和发射的鱼雷都是值得怀疑的。诡异的天气会影响雷达，好胜心切的声纳兵可能造就了此前的许多报告。马多克斯号并未有真正被发现。建议在进一步行动之前完整评估一下情形。"㉓

　　到1965年，约翰逊总统才承认对美国海军军舰的第二次袭击可能是幻象："据我所知，我们的海军当时在那里不过是在对鲨鱼射击。"㉔

　　欺骗国会和美国人民以获取战争权，这是可以令总统离职的可控告的罪状。詹姆斯·艾尔戴尔（James Iredell）在北卡罗来纳州的宪法批准辩论中这样解释道：

> 总统务必为向国会提供错误的信息而受到惩罚。他需要管理所有与他国的交往，他有义务告知国会他所获取的每一项情报。如果他似乎没有给国会提供完整的信息，而是隐瞒了他本该通报的重要情报，并因此导致国会实施了危害国家的措施，而如果国会知晓事情的真实情况绝不会同意那些措施，——在这样的情况下，我想问问，以该理由弹劾他的罪行，国会是否还会支持他。[25]

越战不仅违宪，更是荒唐。那里并没有显示出美国的国家安全利益。当 1975 年印度支那（越南、柬埔寨、老挝）投入共产主义阵营，美国的安全并未受损。2002 年俄罗斯因租金过高放弃了在越南金兰湾的海军基地。为平息美利坚帝国出于支配的欲望而统治世界的幼稚渴望，55 000 多位勇敢的美国战士在越南死亡了。

美国宣称向南越输出民主的野心在这样一片充满闹剧的土地上不断蔓延。肯尼迪总统同意南越军方在 1963 年推翻吴庭艳总统的政权，以建立忠于法治的合法政府。但是吴庭艳被暗杀，合法的南越政府最终无疾而终。直到 1975 年被北越统一之前，南越的统治者都是一系列平庸的军事人物：董文明（Duong Van Minh）、阮高祺（Nguyen Cao Ky）和阮文绍（Nguyen Van Thieu）。腐败盛行，战争阴冷面孔的最佳表现便是那昆山虎笼。

约翰逊总统在 1965 年 4 月对多米尼加共和国进行单边违宪的军事干预，不出意料也是基于虚假的断言——政府和反叛军之间的暴力威胁到了美国人的生命，古巴的卡斯特罗要威胁建立当权的共产主义代理人。1965 年 4 月 28 日，约翰逊总统坚持认为：

> 美国政府接到多米尼加共和国军方的消息，美国人的生命遇到了危险……我已经下令国防部长让必要的美国军队整装待发，准备好保护仍在多米尼加共和国的数百名美国人，并护送他们安全回国……㉖

后来在 5 月 3 日，他又说班尼特大使是干预幕后的催化剂，后者曾发回一封紧急电报称："您必须即刻让军队登陆，否则会血染街道，美国人的血会洒满街道。"㉗

约翰逊总统若非完全胡诌，也是对这种威胁夸大其词了，一切不过是为军事干预提供合理理由。他真正的目的是避免多米尼加共和国亲美、反共政府的失败。副国务卿托马斯·曼（Thomas Mann）后来向参议院外交关系委员会坦白道："我们确有指示我国大使回到［亲政府的］贝努瓦上校那儿……为了巩固我们的司法基础，我们还特别要求他说他无法保护美国公民的生命安全。"结果，班尼特大使就坚持说大量暂留在使节旅馆的美国人面临着生命危险，从而为敢于提供了正当理由。㉘

海军进入该国后两天，约翰逊总统称当下的任务不再是仅仅保护美国人的生命，而是保护多米尼加共和国的主权，避免共产主义漫延该国。他告诉参议院多数党领袖麦克·曼斯菲尔德（Mike Mansfield）："卡斯特罗的力量在逐渐掌控局势……最大的问题是，我们能退出而让卡斯特罗接管这里吗？"㉙在 5 月 2 日的一次演讲中，约翰逊总统说：

为保护美国人的生命，我们的军队，美国的军队，在第一时间就已整装待发。他们这样做了……革命运动瞬间发生了悲剧性的转折。许多共产党的领导人都曾在古巴受训……他们也加入了革命，并逐渐掌控了局势。起初这是一场深得人心的民主革命，以民主和社会公正为旗帜，却很快被一群共产党阴谋家接管并紧紧攥在手中。㉚

他还说："美利坚民族，绝不能、也不会允许在西半球建立起又一个共产主义政府。"㉛

即便国防部长在4月30日警告过，中情局"并没有证据显示卡斯特罗在指导着一切"㉜，总统还声称是古巴和共产党"阴谋家"在控制着反叛。4月25日一份中情局发给华盛顿的电报进一步报告称多米尼加共产党"并不清楚政变的企图"㉝。事实上，海军最初登陆后，约翰逊总统指示中情局提供共产党牵涉"反叛"的证据之时，并没能发现这样的证据。总统后来只好依靠埃德加·胡佛（Edgar Hoover）调用联邦调查局在多国的特工列出53位共产党"谋士"的名单。然而53个个人也不足以煽动数万人的反叛力量。另外，胡佛列出的这53人中许多人都不在多国或已遭囚禁。㉞

在任何民主的范围内，政治话语要有意义都需要诚实。若国会知道多国的真相，一定会颁布一条法案来阻止美国花费任何资金外派军队。约翰逊总统还记得"二战"时上演的那出起源吗？1939年8月初，秘密警察和帝国保安部首领莱因哈德·海德里希（Reinhard Heydrich）策划了一出戏，盖世太保和帝国保安部的人打扮成波兰人的模样，上演了刺激的边境偷袭战。为显得更真实，德国计划从集中营带出一些囚犯，先用皮下注射的方式杀死这些人，然后给尸体穿上波兰制服，把他们放在事先计划好要发生"事件"的各处。盖世太保的头目海因里希·穆勒（Heinrich Muller）指挥着这一切，1939 年 8 月 31 日，在比托姆、兴登堡、格利维策和其他地方，一切如期上演。

"二战"后，美国国家安全专家建议必须采用敌人——世界共产主义——的战术才能避免失败。约翰逊总统在制定自己的国家安全政策时接受了这一规诫。其总统任期酝酿了美利坚共和国的彻底毁灭。

对多国军事干预未能推进任何宪法目标，它既没有增强共同防御，也未能保障美国人民自由的福祉。假设卡斯特罗的一帮追随者在那里掌权了，多国也不过是世界舞台上穷困潦倒的一小点儿，就像海地一样。他们都与美国的命运无关。最坏的情况也不过是这两个蕞尔小国为非法移民或毒品走私开绿灯令美国恼怒。约翰逊总统的行动是为了维持美国在邻国的"影响范围"，避免它们落入共产主义的势力范围。俄罗斯追随着苏联帝国的脚步，也要求在周边有自己的"影响范围"，例如在格鲁吉亚、乌克兰或波罗的海国家。但是，美国对俄罗斯的这种要求提出过抗议，也反映了所有帝国共有的特点——双重标准。借用《动物庄园》的话来说，美利坚帝国声称所有的国家都是平等的，但是某些国家比其他的国家更为平等。

1969 年，尼克松总统瞒过了美国民众、国会甚至其他行政机关的成员，秘密轰炸柬埔寨。国会若知道真相，断然不会批准执行轰炸的拨款。这种大范围的欺诈是必须揭发的罪行。

尼克松总统向美国驻南越大使巴克尔（Ellsworth Bunker）发去一封电报，公开称暂停所有轰炸在柬埔寨的北越目标的计划。

同时，他却命令美国在越南的指挥官克雷顿·艾布拉姆斯（Creighton Abrams）将军做好轰炸准备。㉟依赖反向通道和一些心腹的军事领导人物，总统还命令某些在南越的飞行员中止正在进行的飞行任务，将他们调度至柬埔寨上空。轰炸完成之后，他们要回到基地并报告称自己袭击了在南越的目标。尼克松便实行了一种双重汇报系统，要求参谋长联席会议持有两份记录，将虚假的那份提交美国国会，意图将美国袭击柬埔寨一事瞒天过海。㊱一切如此密不透风，以至于空军部长当时都不知道这个秘密的存在。㊲

1969～1970 年持续 14 个月的轰炸活动期间，国防部一直在伪造机密的轰炸报告，并送交参议院军事委员会。当外交关系委员会秘密开会、要求国务卿威廉·罗杰斯（William P. Rogers）阐释美柬关系时，罗杰斯继续编织着总统的骗局："对柬埔寨这个国家，我们可以说是完全清白无辜的。"㊳

而在秘密轰炸并未取得预想结果之时，尼克松总统又对美国人民说了谎，他向美国人民保证美国早前并未"针对（在柬埔寨的）敌对避难所采取行动，因为我们也不想侵犯一个中立国的领土"㊴。尼克斯后来试图使自己的秘密行动合理化，他在回忆录中说："另一个保密的原因在于国内的反战示威。我的政府才成立两个月有余，我想在新官上任之时尽量不要引发公众不满。"

为了不让公众对白宫发怒，也为利用民众的同意来挫败政府，总统一直在撒谎，这都是帝国和无法无天的标志。对国家安全的主张胜过了分权、透明政府、国会享有战争特权、总统必须遵守而非轻视法律等一系列根本的宪法原则。美国通过菜单行动向一个中立国家投掷了 50 万吨炮弹，在国会不知情的情况下发起了3 875次突袭。[40]其反共目的却一个也没达成。柬埔寨很快臣服于嗜杀成性的波尔布特政权，而南越也落入北越之手。

1995年11月27日，克林顿总统对他授意的军事干预进行了辩护，十足地夸大了波斯尼亚和美国主权与安全的关系，误导了国会和民众：

> 首先我想说，美国的角色绝不是打一场战争，而是帮助波斯尼亚人民维护他们的和平条约。我们的使命是有限而集中的，并且由一位美国的将军来指挥。
>
> 在完成这项使命时，我们可以帮着阻止滥杀无辜，尤其是儿童；同时为中欧这一对我们的国家利益至关重要的地区带来稳定。这是正义之事……
>
> 保证波斯尼亚的和平也会有助于建立一个自由稳定的欧洲。波斯尼亚位于欧洲的中心，紧邻许多新生的脆弱民主政权和我们最亲密的盟友。代代美国人都很清楚，欧洲的自由和稳定于我们的国家安全至关重要。这是我们在欧洲打了两次仗的原因，是我们发起马歇尔计划重建欧洲的原因，是我们建立北约、发起冷战的原因，也是现在我们必须帮助欧洲国家结束自"二战"以来最糟糕的梦魇的原因。
>
> 如果我们不在那里，北约就不会存在。和平将要崩塌、战争将会重燃，屠杀无辜又要上演。一场已经造成如此多受害者的冲突会像毒药一样在该区域蔓延，吞噬欧洲的稳定，腐蚀我们同欧洲盟友的伙伴关系……[41]

克林顿总统将波斯尼亚作为欧洲自由和美国安全的关键，简直荒唐。国会拒绝批准在波斯尼亚动用美国军队。克林顿总统完全忽略了这一决定，蔑视其宪法责任。其国务卿玛德莱娜·奥尔布莱特（Madeleine Albright）向参谋长联席会议主席科林·鲍威尔（Colin Powell）打趣时说了一句话，完全抓住了帝国的心理："你总说我们有多超凡的军事力量，如果不能使用又有什么意义呢？"

波斯尼亚、格鲁吉亚、摩尔多瓦都不可能像1914年8月的萨拉热窝那样引发欧洲大混乱。格、摩两国也面临着血腥的国内暴乱，不过并未蔓延到邻国。虽然军事干预的所有目的就是阻止沿民族或宗教界限的分裂，但是目前，波斯尼亚在事实上已经由塞尔维亚人的残余势力、克罗地亚人和穆斯林的势力各自统辖。代顿和平协定签订十五年后，波斯尼亚仍处于政治动荡之中，美国和其他外国的军队长期驻扎该国，而管理者也是欧洲支持的高级代表办事处。

小布什总统为获取对伊拉克战争（亦是一桩可弹劾的罪行）的支持，也蒙骗了美国公众和国会领袖。"基地"组织与伊拉克之间假想的联系便是子虚乌有的事件之一。2001年10月7日小布什声称：

> 我们了解到伊拉克与"基地"组织有长达十年的高层接触……伊拉克帮助训练基地组织成员制作炸弹、毒药和致命毒气……有些人可能感到诧异，"我们已经容忍了萨达姆·侯赛因11年，为什么要现在处理这个问题？"原因就是，我们亲身经历了"9·11"的恐怖。[42]

许多行政机关的官员不断为其圆谎。国家安全顾问康多莉扎·赖斯（Condoleezza Rice）在2002年9月5日仍坚持"基地组织和伊拉克绝对有联系，这是有文件记载的；有明确的证词显示其中某些接触十分重要，他们之间绝对有关系"。㊸两天后，国防部长拉姆斯菲尔德（Donald Rumsfeld）发言称中情局提供了"十分严密"的证据表明"事实上在伊拉克就存在基地组织"。㊹这些发言的背景是联邦调查局和中情局都在怀疑二者是否有任何联系。2003 年 9 月 18 日，小布什总统承认："我们没有证据表明萨达姆·侯赛因牵涉到'9·11'事件。"㊺总统需要能证明"基地"组织与萨达姆之间关系的证据，这一需求很可能促使了布什和切尼二人做出折磨"基地"组织在押囚犯的决定。

　　另一个子虚乌有之事是萨达姆所谓的大规模杀伤性武器。2002 年 8 月 26 日，副总统切尼疾呼："我们许多人都确信，萨达姆很快就会获得核武器……毫无疑问，他积聚（大规模杀伤性武器）的目的就是用来打击我们的朋友、我们的盟友和我们自己。"据巴顿·杰尔曼（Barton Gellman）《垂钓者》一书中所记载，副总统还向当时的众议院多数党领袖迪克·雅梅（Dick Armey）谎称萨达姆已拥有小型核武器，"基地"组织还承诺充当人力运货机。2002 年 10 月 7 日，小布什总统在辛辛那提市发表演说，试图说服民众和国会他需要发动战争的职权：

　　　　有证据表明伊拉克正在重建核武器项目……卫星照片显示伊拉克正在过去进行核项目的部分地址重建设施……不出一年他就能拥有核武器……面对这些危险的清晰证据，我们不能再等——最终的确凿证据可能就是一朵蘑菇云。㊻

　　此番演讲主要依据的是中情局 2002 年的国家情报评估。该报告预计只要伊拉克从国外获得足够的可裂变物质，在几个月到一年的时间内就可以拥有核武器。2003年1月28日的总统国情咨文称："据英国政府消息，萨达姆最近从非洲获得了大量的浓缩铀。"⑰中情局局长乔治·特尼特（George Tenet）、国务院情报和研究局及其他情报部门官员均对该说法所依据的证据表示高度怀疑。⑱小布什总统还声称伊拉克拥有流动的生物武器实验室。

俘获萨达姆之后的审问证实他不过是夸大了伊拉克的大规模杀伤性武器，以此威慑伊朗，相比于美国，这才是他更害怕的对象。

主要基于白宫对大规模杀伤性武器的谎言，国会通过了2002年授权对伊动武的决议，众议院投票结果是296：133，参议院为77：23。国会就这样违宪地将对伊动武权指派给了总统。

但是伊拉克并不是美国的威胁。1993年设立的"禁飞区"将萨达姆排除在他自己2/3的国土之外。北部的库尔德人享受着事实上的自治。大量的经济禁运使得伊拉克一贫如洗。当美国2003年3月攻打伊拉克之时，伊在军事上和经济上已然残败不堪，其大规模杀伤性武器不过是幻觉。

西奥多·罗斯福总统极为羡慕林肯总统，因为后者从内战中获得了不朽的声誉。罗斯福在1910年说道："人应当利用机遇，不过机遇可遇不可求。若不是那场战争，他不会成为伟大的将军；若不是那个机遇，他不会成为伟大的政治家；如果林肯生在和平年代，现在也不会有人知道他的名字。"⑲这位前总统可能也羡慕威尔逊总统能加入一战无意义的屠杀之中，那可是罗斯福十分渴望并极力主张的。

国父们将宣战权独授予国会，就是为了铐住罗斯福这种类型的总统的手脚。詹姆斯·麦迪逊——宪法之父，十分有先见之明地指出："行政是分权里对战争最有兴趣、最容易倒向战争的。"麦迪逊在其赫尔维狄乌斯信件中补充道："事实上，战争真是行政职权扩大的培养皿。"交战状态是：

> 军队的衣食父母；从中可获得捐税和债务，而军队、债务、税收还只是所知的少数工具。在战争中，行政机关的自由裁量权也得以延伸；对分配职务、荣誉和薪金的影响力也增加了；制服军队和人民的方法中还加上了所有引诱人心的手段。⑤⑩

托马斯·杰弗逊同样赞扬分权能"有效地看住战争的恶犬"⑤①。

国父们为开战设立了较高的制度障碍，因为他们清楚一旦开战首当其冲的就是法治。小布什和奥巴马便是确凿的证明。

二者都索要了无限制的权力，只要总统认为某人在与恐怖主义合作并牵涉某种持续而紧迫的对美威胁，总统就可以在世界的任何地方杀害他。

记者普利斯特（Dana Priest）在《华盛顿邮报》上发文报道：

> 据军方和情报部门官员称，"9·11"袭击以后，小布什先后授权中情局和军方，若存在有力证据表明某个美国人涉及组织或执行针对美国或美国利益的恐怖主义行动，可以在国外斩立决。这种证据必须符合一定的、

明确定义的标准。某位前情报部门官员称，比如，这个人必须对"美国的国民和利益造成了一种持续且紧迫的威胁"。奥巴马政府采取了同样的立场。㉜

奥巴马总统鹦鹉学舌，将"战场"定义为任何一个恐怖主义行为可能会发生的地方。于是，他坚持要有无限制的权力，若他怀疑某些人牵涉国际恐怖主义，则可以未经司法审查或立法机关的审查在世界任何地方将其斩立决。乔治三世若泉下有知该多么嫉妒！

2001～2007年，国家安全局蔑视1978年的外国情报监听法，未经司法许可仅凭总统命令便在美国本土拦截美国人的邮件和通话记录。2008年，国会修改外国情报监听法，违背宪法第四修正案授予集团监听许可，这就类似于允许在整个州搜查每家每户，以期找到至少一个犯罪嫌疑人。一份中情局检察长报告的结论指出非法间谍活动未曾挫败哪怕一起恐怖主义活动。

联邦调查局未经进行非恐怖主义调查的许可，也未出示适当的书面解释便违背爱国者法案，获取大量的商业记录，没有工作人员受到惩罚或被降职。

官员们往往援引行政特权或国家秘密来规避国会监督、操纵秘密政府，并保证秘密政府躲过司法审查。据他们的说法，白宫助理和各位部长依宪可以免受国会传票。总统的通讯记录高度保密，因为要阻止国会对国家安全政策或货币政策有独立而完全清晰的判断。

没人关注以国家安全为名滥施酷刑的罪行。

外国情报部门非法地非常规引渡在押囚犯，让他们遭受酷刑。

还有一些囚犯被关押在国外的秘密监狱，不断被审问着，我们的官员不负任何法律或政治责任。

意大利当局已经缺席审判 23 位中情局特工人员，因其在米兰将阿布·奥马尔（Abu Omar）绑架至埃及严刑逼供。美国拒绝引渡被控的中情局特工。

未受指控的国民和非国民，只要被认定为与"基地"组织"有关联"，则被视为敌方战士而遭到遥遥无期的拘留。

特别军事法庭将法官、陪审团和公诉人合，这正是国父们所定义的暴政。它们所审判的犯罪本来都可以轻而易举地向民事法庭起诉，在那里才有正当法律程序。

2006 年的特别军事法庭法案违宪地暂停人身保护权。

不会煽动暴力的言论是受宪法保护的，现在也变成了一种战争罪行。

财政部长亨利·鲍尔森（Henry Paulson）未经合法授权便爽快地花掉一大笔资金援助衰败的金融机构。美联储替那些获得庞大资金以维持偿付能力的银行掩盖了身份，国会并未认真监督其运作。

美国海关人员坚持要求在没有任何犯罪嫌疑的情况下，有权检查和扣留笔记本与手机上储存的所有信息。

总统未经法定审批或条约授权，便单方面地谈判签订了管理美国驻外军队的《驻军地位协定》。

总统拒绝执行他签署的法律，为遏制国会推翻否决权的机会，他坚称这些法律违宪。

副总统切尼的幕僚长斯科特·利比（Scooter Libby）因向

联邦调查局作伪证，泄露特工瓦莱里·普拉马（Valerie Plame）的名字而遭惩罚，小布什总统为其减刑，将罪行偷梁换柱为因揭露所谓伊拉克试图向尼日尔购买铀矿的谎言败坏其丈夫的名声。

对以国家安全为名所犯下的罪行实行法治居然荒唐地被嘲讽为是香蕉共和国（指中、南美洲发展中国家）才有的特点。

几十年之后，奥威尔的《一九八四》③已然来到美国。

注　释

① Steven Casey, *Selling the Korean War*, Oxford University Press, 2008, p. 28.

② Franklin D. Mitchell, *Harry S. Truman and the News Media*, University of Missouri Press, 1998, p. 65.

③ 同上。

④ Paul M. Edwards, The Korean War, Greenwood Press, 1988, pp. 20 – 21.

⑤ John Dean, "Findlaw Forum: The President Needs Congressional Approval to Declare War on Iraq," *CNN*, August 30, 2002, http://archives.cnn.com/2002/LAW/08/columnc/fl.dean.warpowers/ (accessed on April 19, 2010).

⑥ 同上。

⑦ Arthur Meier Schesinger, *The Imperial Presidency*, First Mariner Books, 2004, p. 133.

⑧ 同上。

⑨ John Dean, "Findlaw Forum: The President Needs Congressional Approval to Declare War on Iraq," *CNN*, August 30, 2002, http://archives.cnn.com/2002/LAW/08/columnc/fl.dean.warpowers/ (accessed on April 19, 2010).

⑩ Arthur V. Watkins, *The Western Political Quarterly*, Vol. 4, No. 4, December, 1951, pp. 539 – 549.

⑪ UN Participation Act, December 20, 1945, The Avalon Project, Yale University, 2008, http：//avalon. law. yale. edu/20th_ century/decad031. asp（accessed on April 19, 2010）.

⑫ John Dean, "Findlaw Forum：The President Needs Congressional Approval to Declare War on Iraq," *CNN*, August 30, 2002, http：//archives. cnn. com/2002/LAW/08/columnc/fl. dean. warpowers/（accessed on April 19, 2010）.

⑬ 同上。

⑭ Youngstown Sheet and Tube Co. v. Sawyer.

⑮ John Doe I, et al. v. President George Bush, et al.

⑯ In Paul Krugman, "Games Nations Play," *New York Times*, 2003, http：//www. nytimes. com/2003/01/03/opinion/games－nations－play. html? pagewanted = 1（accessed on April 19, 2010）.

⑰ "U. S. Relations：The Korean War," *PBS*, October 19, 2006, http：//www. pbs. org/newhour/indepth_ coverage/asia/northkorea/relations. html.

⑱ Lyndon Johnson, "Gulf of Tonkin Incident," August 4, 1964, http：//usa. usembassy. de/etexts/speeches/rhetoric/Ibjgulf. htm（accessed on April 19, 2010）.

⑲ Microsoft Encarta, "Johnson's Gulf of Tonkin Message," http：//encarta. msn. com/sidebar_ 761594754/Johnson's_ Gulf_ of_ Tonkin_ Message. html（accessed on April 22, 2010）.

⑳ Marvin E. Gettleman, *Vietnam and America：A Documental History*, Grove Press, 1995, p. 247.

㉑ "Gulf of Tonkin, 1964：Perspective from Lyndon Johnson and Military Command Center Tapes," *Miller Center of Public Affairs*, *UVA*, http：//www. whitehousetapes. net/exhibit/gulf－tokin－1964－perspectives－lyndon－johnson－and－national－military－command－center－tapes（accessed on April 19, 2010）.

㉒ 同上。

㉓ Eric Alterman, *When President Lie*, Penguin Books, 2004, p. 188.

㉔ Tom Wells, *The War Within: America's Battle for Vietnam*, iUniverse, 2001, p. 11.

㉕ James Irdell, "Proceedings and Debates of the Convention of North – Carolina," UNC – Chapel Hill, 1788, http://millercenter.org/scripps/archive/speeches/detail/4032 (accessed on April 19, 2010).

㉖ Lyndon Baines Johnson, "Statement on Sending Troops to the Dominican Republic," *Miller Center of Public Affairs*, *UVA*, http://millercenter.org/scripps/archive/speeches/detail/4032 (accessed on April 19, 2010).

㉗ Randall Bennett Woods, *J. William Fulbright*, *Vietnam*, *and the Search for a Cold War foreign Policy*, Cambridge University Press, 1998, pp. 98 – 99.

㉘ 同上。

㉙ John Dumbrell, *President Lyndon Johnson and Soviet Communism*, Manchester University Press, 2004, p. 146.

㉚ Russell Crandall, *Gunboat Democracy*, Rowan and Littlefield, 2006, p. 71.

㉛ LyndonJohnson, "Radio and Television Report to the American People on the Situation in the Dominican Republic," *UCSB: The American Presidency Project*, May 2nd, 1965, http://www.presidency.ucsb.edu/mediaplay.php? id = 26932&admin = 36 (accessed on April 21, 2010).

㉜ John Dumbrell, *President Lyndon Johnson and Soviet communism*, Manchester University Press, 2004, p. 147.

㉝ William Bum, *Killing Hope*, Zed Books, 2003, p. 183.

㉞ William Bum, *Killing Hope*, Zed Books, 2003, p. 182.

㉟ Leon Friedman, *Watergate and Afterward*, Hofstra University, 1992, p. 222.

㊱ 同上。

㊲ James P. Pfiffner, *The Character Factor*, Texas A & M University Press, 2004, p. 55.

㊳ Arthur Meier Schlesinger, *The Imperial Presidency*, First Mariner Books,

2004，p. 357.

㊴ 同上。

㊵ Rick Perlstein，*Nixonland* ，Scribner，2008，p. 362.

㊶ Bill Clinton，"Transcript of the President's Speech on Bosnia," *CNN*，1955，http：//www/cnn. com/US/9511/bosnia ＿ speech/speech. html （accessed on April 22，2010）.

㊷ James P. Pfiffner，"Did President Bush Mislead the Country in His Arguments for War with Iraq?" *George Mason Universit* y，http：//gunston. gmu. edu/pfiffner/index ＿ files/Page2451. htm （accessed on April 22，2010）.

㊸ Sue Chan，"Bush Administration Links Iraq，Al Qaeda," *CBS*，http：//www. cbsnews. com/stories/2002/09/26/national/main523326. shtml （accessed on A-pril 24，2010）.

㊹ Jamie McIntyre，"Rumsfeld：Al Qaeda comments 'misunderstood'," *CNN*，http：//edition. cnn. com/2004/WORLD/meast/10/04/rumsfeld. iraq/ （accessed on April 24，2010）.

㊺ James P. Pfiffner，"Did President Bush Mislead the Country in his Arguments for War with Iraq?" *George Mason Universit* y，http：//gunston. gmu. edu/pfiffner/index ＿ files/Page2451. htm （accessed on April 24，2010）.

㊻ 同上。

㊼ BBC，"White House 'Warned over Iraq Claim'"，*BBC*，July 9，2003，http：//news. bbc. co. uk/2/hi/americas/3056626. stm （accessed on April 21，2010）.

㊽ James P. Pfiffner，"Did President Bush Mislead the Country in His Arguments for War with Iraq?" *George Mason Universit* y，http：//gunston. gmu. edu/pfiffner/index ＿ files/Page2451. htm （accessed on April 24，2010）.

㊾ "Speech at the University of Cambridge，England，May 26，1910," in Candice Mil-lard，*The River of Doubt：Theodore Roosevelt's Darkest Journey*，Broadway Books，2005，p. 18.

㊿ James Madison，"Political Observations," April 20，1795，In *Letters and Other Writ-*

ings of James Madison, Volumn IV, p. 491.

(51) "Letter from Thomas Jefferson to James Madison" (Sept. 6, 1789), In Thomas Jefferson, *The Papers of Thomas Jefferson* (Julian P. Boyd ed., 1958), p. 392, p. 397.

(52) Dana Priest, "U. S. Military Teams, Intelligence Deeply Involved in Aiding Yemen on Strikes," *Washington Post*, Jan. 17, 2010, http://www.washingtonpost.com/wp-dyn/content/article/2010/01/26/AR2010012604239.html? hpid = topnews (accessed on April 15, 2010).

(53) 乔治·奥威尔长篇小说《一九八四》。小说刻画了一个令人窒息的恐怖世界，在假想的未来社会中，独裁者以追逐权力为最终目标，人性被强权扼杀，自由被剥夺，思想受到严酷钳制，下层人民的生活变成单调乏味的循环。——译者注。

第七章　美利坚帝国的三巨头
——小布什、切尼、奥巴马

　　奥巴马总统更是将美利坚帝国固化为盛行政治文化的一部分，而不仅仅是小布什－切尼时代特有的现象。奥巴马对以在世界各地处于永久战争状态为特点的国家安全国家十分买账。更宏大一些的国家动机是因支配的兴奋感而想要支配世界，而狭隘一些的总统个人动机则是削弱同等级的其他政府分支使其隶属于己，使总统凌驾于法律之上，并将不受问责的秘密政府合法化。一切证明詹姆斯·麦迪逊对总统战争的劝诫很有先见之明。

　　奥巴马入主白宫之时，比现代史上任何一位总统都更了解宪法和《独立宣言》的哲学精神。他曾是《哈佛法律评论》的编辑、芝加哥大学法学院宪法学教授，并曾在美国参议院任职，他曾经在参议院宣誓要支持和维护美国的宪法。相比之下，小布什总统对于宪法的了解就是半个文盲。

　　虽然奥巴马才思敏捷，他还是屈服于帝国权力和统治的原始诱惑。一些公民自由的捍卫者以疯狂的热情迎接他入主白宫，却发现只是一场空欢喜。至于奥巴马和小布什的美利坚帝国心理和实践，二人简直半斤八两。酷刑——依联邦刑法典应为重罪——就是最好的例证。

目前的绝对禁令是在国会里经由共和党和民主党投票通过的，对于定时炸弹、伊斯兰激进分子等都一视同仁。然而，国会有权通过修订法律制造例外。但是国会并没有这么做，也从未有总统要求设立例外。

"9·11"事件之后，小布什总统和切尼副总统吹嘘成有权对"基地"组织嫌犯采取坐水凳及其他"强化审问技术"。他们默认没有向国会寻求对"基地"组织进行酷刑开绿灯。

美国曾起诉日本战犯在"二战"中以坐水凳虐待美国战俘。坐水凳制造出一种即视死亡的恐惧感，会造成长期的精神创伤或抑郁，按美国刑法典，这种虐囚方式符合酷刑的定义（中情局在283种不同场合对基地组织在押人员使用坐水凳的酷刑）。果不其然，小布什－切尼二巨头拒绝起诉卷入坐水凳或其他类似酷刑的审问手段中的官员。起诉本来还会涉及他们自身。小布什的失职是对其宪法责任的亵渎，他本应保证忠诚地执行法律，而非破坏或规避法律。

2003年，法律顾问办公室首席检察官副助理柳约翰（John Yoo）建言称政府官员可以为了与国际恐怖主义战斗而违反刑法不受责罚："如果一名政府的被告者是在审问期间以某种可能有争议的方式（包括谋杀）伤害一个敌方犯人，那么即便违反了刑事禁令，他这么做也是为了阻止基地组织的恐怖主义网络对美国发起进一步的攻击。因此，我们相信他可以辩护称行政机关有权保卫国家免受攻击，其行为是合法的。"[①]

执政以来，奥巴马总统宣布中情局对"基地"组织在押嫌犯使用的坐水凳及其他"强化的审问手段"都构成酷刑，违反了《禁止酷刑公约》和美国刑法。[②]司法部长埃里克·霍尔德（Eric

Holder）在参议院司法委员会前宣誓时也重申了这一观点。奥巴马总统也和小布什一样肩负忠诚地执行反酷刑法律的宪法职责。在水门事件及其他相关丑闻中，众议院司法委员会就是以藐视忠诚执行法律的职责弹劾了尼克松总统。

但是奥巴马总统相比于尼克松和小布什可谓变本加厉。他甚至拒绝调查小布什 – 切尼时期众所周知的酷刑罪行（二人并未以"法律错误"作为辩护，他们真诚地相信坐水凳是合法的法律建议）。奥巴马背弃了誓言，他觊觎无限制的总统权力，希冀制造一种"对恐怖主义强硬的"政治形象。

政治野心和视野都无法为蔑视宪法责任正名。总统被冠以的赦免权是针对出于某些国家原因的刑事犯罪。奥巴马总统担心激起民主党内部左派人士的政治愤怒，在酷刑的罪行上有意避开了这一宪法特权。他深知杰拉尔德·福特（Gerald Ford）总统赦免前任总统尼克松的后果是什么，1976 年总统大选福特败给了吉米·卡特。

奥巴马不执行针对前总统和副总统的法律等一系列作为，开白宫明目张胆无法无天之先例，以后任何一位总统只要提出国家安全的需求都可以使用这一装好弹药的武器。

奥巴马、小布什、切尼都同意美国已经卷入了一场旷日持久的针对国际恐怖主义的全球战争。奥巴马已经不再想着设定标志战争结束的基准。与小布什政府一样，他支持着令人震惊、史无前例的法律观念，即一个国家可以用某种战术处于长期战争状态，既不用签订和平条约也不会在地理上受到限制。按这三巨头的说法，这个星球上的每一寸土地都是可以运用美国军事法和军事力量的战场——不管是新德里、卡拉奇、开罗、德黑兰、纽约还是其他地方。民事法现在已经附属于军事司法。

美利坚帝国的所有总统，包括奥巴马本人，都不会宣布国际恐怖主义的威胁已经降低，不再需要战争。任何一届国会亦如此。这两个权力分支都担心未来某个恐怖主义事件会让他们受到对基地组织过于"软弱"的批评。当代的政治家们要么训练不足，要么胆小怕事，都不敢教导美国人民接受仔细斟酌过的风险——包括再来一次"9·11"事件——对于自由呼吸是十分必要的，不然就只能生活在一个警察国家，每个人都被拘留，因为没有人能发誓不会行恶、说自己是个圣人。

持久的全球战事有悖于共和国的精神——分权制衡、透明、一丝不苟地保护个人自由。麦迪逊——宪法之父、人权法案的主要构建人——劝解道："没有国家能在持续的战争中维护其自由。"[③]同样，强大总统的支持者亚历山大·汉密尔顿也在《联邦党人文集》第八篇中承认战争势必蚕食自由：

> 伴随战争发生的生命与财产的强烈破坏，以及连续不断的危险状态所带来的不断的努力和惊恐，迫使最爱慕自由的国家为了安宁和安全而采取有破坏自身民权和政治权利倾向的制度。为了更加安全，它们最后宁可冒比较不自由的危险。[④]

与小布什一样，奥巴马要求享有单方面职权，可以长期扣留被视为国家安全威胁的美国公民或非国民，亦即敌方战斗人员。这种职权据说是基于一种卡夫卡式的主张——某些个人过于危险不能释放，但是又找不出证明其有罪的罪行。

奥巴马任参议员时是反对通过《2006年军事委员会法》的，

该法案授权总统不经控告和审判长期拘留国民或非国民，基于在法官、陪审团和起诉人三合一的军事法庭上的严刑逼供，以所谓战争罪行起诉非国民。⑤但是奥巴马成为总统以后完全接受了该法案赋予的重要权力，这与《独立宣言》里口诛笔伐的乔治三世国王所拥有的帝国权力毫无二致。自就职以来，他从未提过要敦促废除这种专横立法。

奥巴马在竞选总统时，严厉指责小布什的军事委员会公然欺骗正当法律程序。而上任总统以后，他却以国家安全的紧急情况为由保留了军事委员会（虽然他做了极小的程序上的修正）。所谓必须保留明摆着十分荒谬。八年多的时间里该委员会只起诉过三个人——包括大卫·希克斯（David Hicks）、萨利姆·艾哈迈德·哈姆丹（Salim Ahmed Hamdan）和阿里·哈马扎·巴鲁（Ali Hamza al‒Bahlul）的案子，而这些案子通常都是在联邦民事法庭审判的。澳大利亚人大卫·希克斯承认在某个恐怖主义训练营训练过，被判在澳大利亚服刑九个月。萨利姆·哈姆丹因为一系列外国恐怖主义组织提供物质援助被判刑六个月（他现在已经在也门获得了自由）。第三位犯人阿里·哈马扎·巴鲁被控犯共谋罪，因其为基地组织制作招募或煽动性视频。他的案子还在上诉中。他们既没有杀害也没有威胁说要杀害美国人。虽然军事委员会大部分时候处于蛰伏状态，但是美国在联邦民事法庭上已经定罪判决了近200起国际恐怖主义案例。

奥巴马没能实现关闭关塔那摩监狱的许诺，并没能在小布什‒切尼的基础上有所突破。国会已经颁布法令排除了关闭的可能，也没有招致奥巴马的反对。更重要的是，奥巴马也没有许诺是释放关塔那摩在押人员还是向民事法庭起诉他们并保证他们享有全部的宪法保护避免有罪的误判。

他力排国会的异议，宣布计划在 2011 年前将在押敌方战斗人员转移到伊利诺伊州汤普森的一处监狱。但是关塔那摩的违宪之恶不在于其地理位置，而是仅凭与"基地"组织、其附属及半附属机构或其精神同盟之间未证实的、非刑事的、难以捉摸的关系便武断地长期刑拘——就像约翰国王拥有可怖的行政权，将对于投向地牢，引发了 1215 年大宪章的形成。如前所述，尽管当局依据的是仅向法官披露的机密证据，但大部分质疑自己被拘留的合法性并提请人身保护诉求的关塔那摩在拘嫌犯都成功实现了诉求。在一个十分有象征意义的案例中，某个被"基地"组织和塔利班当作美国间谍折磨了 18 个月的在押人员居然被奥巴马的司法部门荒谬地视为敌方战斗人员。保守的联邦地区法官理查德·利昂不信任政府的立场，宣布对他的拘留非法。⑥

奥巴马总统坚持认为他可以通过转移关塔那摩在押人员至阿富汗的巴格拉姆监狱来规避宪法赋予嫌犯的人身保护权，美国最高法院在 2008 年布迈丁诉布什案⑦中也已认可这种在联邦法庭上的人身保护权利。联邦地区法官已经驳回了此项要求，但奥巴马坚持移交上级法院继续上诉。

奥巴马不断使用掠夺者无人机进行"定点清除"或在阿富汗和巴基斯坦暗杀"基地"组织或塔利班嫌疑人，而长期的平民伤亡却被冷漠地视为"附带性损害"，道尽了美利坚帝国的真相。它只尊重自己的主权，美国说国际法是怎样它便是怎样。如果俄罗斯用无人机追杀藏匿在美国的车臣恐怖分子嫌疑人，奥巴马会怎么做呢？他会以战争作为报复！

据公开报道，美国用无人机袭击巴基斯坦部落地区中的"基地"组织支持者时，主要依靠从巴基斯坦线人和视频监控中获取的情报。⑧但是这种定点的可靠性并未显现出来，行政机关审查情报、选择杀死谁的过程亦是十分隐秘。据说政府召集了律师来评估每一起无人机袭击事件能否取得国际法意义上的合法性，但是这些人的身份和支撑这一举措的法律便函都是未知。我们也不知道是否有审查每一次的追杀结果以确定情报的准确性。如果有反复出现的错误那就意味着美国在射杀平民，亦即犯了战争罪行却不受惩罚。长期情报失误的可能性似乎很高，对关塔那摩关押的那些政府称为"最恶劣"的嫌犯而言，误判率高达80%以上。

《纽约时报》上由两位专家撰写的专栏估计无人机的准确率只有2%。⑨国会所知仅限于总统提供给参众两院情报委员会和国会领袖的隐秘信息，公开的也仅限于披露给媒体的信息。

无人机的秘密将美利坚帝国和共和国的区别显露无遗。在帝国里，任何被说成是和国家安全有关的事情都可以胜过宪法规定。例如，一旦公布无人机定点清除的事情势必会导致半友好的巴基斯坦政府垮台，"基地"组织也会顺藤摸瓜找到最薄弱的渗透点。因此，即便要付出牺牲自治的代价，透明政府也要让位于秘密政府。而共和国会要求公众，或者至少国会知晓政府在做什么，让民众能表达对修正立法的意见。国会可能做出这样的结论：无人机定点袭击有惊人的缺陷，其树立的敌人要远多于杀死的敌人。麦迪逊清楚地言明透明于民主之紧迫性："一个人民的政府，若信息或获取信息的渠道不是公开的，就不过是一场闹剧或悲剧的前传。知识将永远支配无知：欲自己当家做主的人民亦当以知识给予的力量武装自己。"⑩

共和国初期对透明公开无比赞颂。1794年参议院就不再进行秘密决议。华盛顿总统只拒绝过一次国会索要信息的要求。众议院要求他出示与英国谈判《杰伊条约》的谈判策略和指示。而总统拒绝这一要求是因为众议院没有合法的宪法权力批准条约，赋有这一权力的参议院得以仔细审阅这些众议院无权过目的信息。

泄露五角大楼文件这样的机密信息或披露恐怖分子监听计划从未损害过国家安全。尼克松时期的国防部长梅尔文·莱尔德（Melvin Laird）拒绝在最高法院的五角大楼文件诉讼案中签署宣誓书，该口供声称一旦公布该文件会引起一系列糟糕的外交和国家安全后果。国防部长清楚这不过是假担心。事实证明他是正确的。最高法院在 1971 年《纽约时报》诉合众国案中授权公开 47 卷包含总统关于越战冲突的谎言的文件，起诉越战并没有因此受到影响。

在与美国公民自由联盟的《信息自由法》诉讼案中，奥巴马在公开美国严刑逼供的照片这一问题上彻底改变态度，因为他完全接受了美利坚帝国。当奥巴马还是总统候选人的时候，他承诺打造透明政府。但是 2009 年 3 月 13 日，他以国家安全为由宣布将屏蔽 2 000 张美国在国外虐囚的照片。

> 即便公开这些照片，我们也无法更多地了解过去一小部分人到底做了什么。事实上，我相信，公布这些照片最直接的后果会是助长反美气焰，从而将我们的军队置于危险的境地。⑪

应奥巴马的要求，国会修正了《信息自由法》，若国防部长盖茨（Robert Gates）能证明国家安全会有危险则允许不公开这些照片，而盖茨当然证明了这一点。

一张照片，事实上胜过千言万语。那张头发被凝固汽油弹烧着了的越南小女孩赤裸着身子在路上奔跑的照片比所有的说教都管用，更多人因此加入到反对越战的行列中。奥巴马说表现美国虐囚的照片无法让人们更多地理解伊拉克、阿富汗战争和国际恐怖主义战争的结果，简直可笑。美莱村大屠杀的照片里被杀死的妇女和儿童倒在沟渠里，这加深了美国人对越战的理解，要求起诉罪魁祸首陆军中尉威廉·凯利（William Calley）的公众压力也增加了。美国人民需要知道或看到政府审问"基地"组织嫌犯时在做什么，以此决定他们是否赞成这些方法，并相应地敦促调整法律。

奥巴马总统与小布什一样，不觉得未经立法机关事先授权便单边发动战争有何不妥。2008年总统候选人希拉里·克林顿说作为总统，若伊朗对以色列进行核打击，那么作为报复她将有权踏平伊朗，而奥巴马对此说法也并未提出异议。⑫奥巴马坚持认为宪法冠予他未经国会授权便单边对任何国家或犯罪集团发起战争的权力——此乃乔治三世手中的宣战权，亦正是国父们所唾弃的权力。奥巴马在诺贝尔和平奖获奖演说中对这一点说得极其明白："与其他国家的首脑一样，我保留必要的时候单方面行动保卫我的国家的权力。"⑬然而汉密尔顿在《联邦党人文集》第69篇中已经解释道：

> 总统为合众国陆、海军总司令。在这方面，其权威与英国国王在名义上是相同的，实质上则低劣得多。其权威实际并不超过作为邦联的首席陆、海军上将对于陆、海军的最高统辖和指挥权；而英王的权威则尚扩及宣布战争以及征召和组成舰队和陆军——而这一切权力按照宪法草案的规定均属于议会。⑭

尽管宪法之父们不容置疑地意图将责任独授予国会，奥巴马总统还是赞同国会授权总统单独决定是否发动战争，就如伊拉克和越南战争中所做的那样（以 2002 年《授权对伊拉克使用武力决议案》和东京湾决议为标志）。

奥巴马已然接受了前任的信条，它担保着美利坚帝国的全球军事足迹。他也认为国际恐怖主义对美国主权的威胁之大足以使得针对它的行动上升到战争的层面（世界上还没有另一国家为了法律程序问题将对恐怖主义的冲突描述为"战争"）。

相应地，奥巴马坚称美国必须先发制人在离国境千里之外就击败恐怖主义，而不是在国内以防御的力量击退并不太可能的敌方袭击。在 2009 年 12 月 1 日西点军校的报告中，他解释道："现在丢弃阿富汗——仅仅依靠远程打击"基地"组织——将会大幅削弱我们给基地组织施压的能力，并导致对我们的国土和盟友令人无法接受的高风险。"[15]但美国的盟友并没有向阿富汗派遣大量军力，因为他们知道没有持久作战能力的"基地"组织就是不存在的危险。先发制人的战争教条就等同于总统心血来潮的战争。1848 年林肯对此详加阐述：

> 只要总统认为需要侵犯某个邻国来击退入侵，你就允许他这样做；只要他说他觉得为某种目的需要这样做，你就任其为之，任其随意发动战争。你给予他如此的信赖之后，研究一下你是否能在这方面限制他的权力呢？若他今日说有必要入侵加拿大来阻止英国侵犯我们，你怎样阻止他呢？你可能对他说，"我觉得英国不可能侵犯我们，"但是他会对你说，"闭嘴，你不觉得，可我觉得。"

作为国会议员的林肯解释说整个总统掌握主动权的先发制人战争的概念都是违宪的，将行政总长上升到了国王的地位：

> 宪法规定宣战权在国会，在我的理解里是出于以下原因。国王通常将其民众卷入战争，劳民伤财，虽不是经常但一般还会伴装战争的目的是为了人民利益。我们的宪法将此理解为所有国王压迫行为中最为压抑的，于是他们决心这样设计宪法，没有人能够将这种压迫施于我们身上。但是你们的观点毁掉了一切，将我们的总统置于国王的位置。⑯

奥巴马继承了杜鲁门主义中有名的虚假迷思——上帝让美国肩负着一种道德责任，它需要向外派遣军队阻止并挽救像达尔富尔或卢旺达那样的人权灾难（尽管他事实上并没做什么去实现这一宣称的责任）。在西点军校，他说：

> 我们必须向每一位生活在暴政阴影中的人说清楚，美国会公开捍卫人权，在自由、公正和机会之光的引领下，尊重所有民族的尊严。这才是我们，才是美国权威的道德源泉……我们带着正义就是力量的自信前进，我们承诺要创造……一个更加安全的世界……⑰

奥巴马的诺奖获奖演说也如出一辙：

> 如何阻止政府屠戮其平民、如何阻止一场暴力和痛苦会蔓延到整个区域的内战，这都是我们越来越多面临的困难。我相信出于人权考虑的武力是正义的，比如在巴尔干半岛或其他有过战争创伤的地方使用武力。我们良心上流着眼泪却

不作为，终将导致以后代价更高的干预。⑱

若真存在某种道德需要，必须外派军队以阻止或平息某正在进行的大屠杀或可相提并论的暴行，那么美国应该去入侵俄罗斯拯救车臣人。它将不得不入侵刚果民主共和国、津巴布韦和伊朗以拯救那些地方的所有人，入侵缅甸拯救克伦和其他少数族裔，入侵斯里兰卡拯救泰米尔人。但是即便像诺奖得主德斯蒙德·图图（Desmond Tutu）或吉米·卡特这样最热诚的人权斗士面对这样血腥的道德说教也会不寒而栗。

公众的共识是反对一切以武力抵制某个残暴政府造成的大屠杀或其他暴行的道德命令。道德的依据是做好事的可能性，而非杀死许多人，带来无尽的战争的可能性。最谨慎的处理方法是坚定地抵制人道主义的军事干涉，理由有二：通常这种干涉要么不能帮助事出地的人们，要么反而使当地人更加悲惨，例如1992年的索马里；并不存在可控的规定能保证人道主义干涉不会演变为任何想要成为入侵者随心所欲发动的战争。世界上的每个国家都可能会因违反人权而受到指责。例如，俄罗斯谴责格鲁吉亚在南奥塞梯的屠杀，并向当地派遣了军队。

奥巴马还贪求无限制的总统权力，以期通过庞大的联邦开支和预算赤字使自然而不可避免的经济衰退速度放缓。他支持通过《2008年问题资产救助法案》，努力推动2009年的8000亿美元经济刺激大计划，拥护会增加几十万美元联邦债务的2010年医疗立法。他管理着几万亿美元的预算赤字，预计亏空还会持续十年。救助金按法律只能给予金融机构，但是奥巴马以经济需要为由把钱撒向了两家汽车公司——克莱斯勒公司和通用汽车公司。他这种法律上含混不清的开支可谓与前任衔接得天衣无缝。小布什的财政部长保尔森在谈起接管房利美和房地美以及对其他几家没落华尔街公司的大型收购时，对《华盛顿邮报》的记者吹嘘道："即便你没有授权——说实在的我也的确没有任何权力——一旦你开始负责，人们自然就会跟随你。"⑲那些宣誓要支持并维护宪法的行政官员还真想不出比这更好的方式对法治嗤之以鼻吧。这位记者在报道中继续写道：

> 高级政府官员称保尔森帮助策划了对金融公司的援助计划，虽然他并不确定他有无可置疑的法律基础可以提出这些倡议，包括在三月份和九月份分别对失败的投行贝尔斯登和受创的保险巨头美国国际集团进行紧急救助。⑳

每一个帝国都试图以政府干预来保护人民免于经济震荡或紊乱，追求一种零风险的存在。想想大英帝国为东印度公司提供的大量经济保护手段吧，包括保护他们不受美国殖民者提供的运输服务的影响。奥巴马依葫芦画瓢也向不负责任的金融机构倾注了庞大的资金。然而，疯狂的经济往往是聪明的政治。拜奥巴马肆意挥霍所赐，那些得以保住工作的人会在投票箱前归还这份人情。但是奥巴马的挥霍使得刚起步的企业缺少贷款，许多工作岗位并没能真正创造出来，更多数的失业者的困境也正源于此，他们寂寂无闻，其政治权利也被无视。

美利坚帝国的总统屈从于其正统观念，是因为他们念念不忘的是每日的受欢迎程度和连任。奥巴马也不例外。他不是那种不管眼下政治堕落，仍坚称要维护和执行宪法的政治领导人。只有一个具备非凡勇气的人才会拒绝与美利坚帝国的政治文化同流合污，轻视那支配其他国家或人民的原始兴奋感。在阿富汗和其他的每一个紧要关口，奥巴马都没有通过这一勇气测试。

便利的权宜之计一向是奥巴马的北极星。他曾反对掩盖违宪行为的政府秘密特权，后来转而支持它。他曾支持针对整个情报系统的告密者立法，后来又表示反对。他曾经反对总统未经指控无限期将美国公民作为敌方战斗人员扣留的权力，后来转而支持。他曾经赞成以公共资金支撑其总统竞选活动，后来却又反对。他曾经反对对强奸儿童罪判死刑，后来又表示支持。他曾经支持公开美国虐囚的照片，后来却反对。他曾经反对第二修正案赋予个人的持枪权，后来又表示支持。他曾经支持透明政府，后来又反对。他曾经反对在军事特别法庭审判战争罪行，后来又支持。

一个想要重建美利坚共和国的总统会抨击无限制的行政权力，支持分权与制衡。他会坚持国会独立掌管开战权，认可"我们人民"的主权而非万能的行政机关，立即从海外撤军并废除所有共同防御条约或行政协议，将国际恐怖分子视为暴徒而非战士，教诲普通民众以自治政府为豪，并承认保护美国人民不可让予的生命权、自由权和追求幸福的权利是美国的唯一使命。

这些事情奥巴马一件也没做，倒不是因为它们会损害美国人民的安全、自由和繁荣，而是因为他自己在美利坚帝国的心理中作茧自缚。他对显然的事情视而不见。美国回到军队只用来保护美国的共和国时代会变得更安全、更自由、更富裕。

让每一位美国士兵的唯一任务就是保护美国人民免受袭击，重新引入征兵制在政治上将有望实现。征兵制将会十分有益，原因有二。它能促进团体精神，因为唯一的军事目的就是直接保护美国人的生命，而不是在阿富汗、也门、伊拉克、巴基斯坦或其他地方进行徒劳的国家建设。它还能约束总统或国会不再以乌托邦或宗教目的为由贸然使用军力。相比之下，一支全部由志愿者组成的军队会鼓励政治家为琐碎或无望的事宜牺牲别人的生命，因为志愿者主要来自于较低的经济或社会阶层，他们的政治声音是不会被人听见的。若没有那份呼吁清醒的再三思考和分析的草案，越南战争一定会持续得更久。它促使了 1966 年开始的美国参议院富布赖特听证会，该听证会质疑了约翰逊总统及其盲从的内阁对战争盲目乐观的估计。海湾战争、波斯尼亚和塞尔维亚战争、伊拉克和阿富汗战争以及反恐战争，国会在每一次战争中都不作为，推迟募兵制的期限。尽管胜利无从谈起，国会却仍处在蛰伏状态。美军和国际安全援助部队已经在阿富汗坚持了八年多——比整个二战时间都要长，但是塔利班和"基地"组织还是一步步变得更加强大。美国在伊拉克的人力损伤几乎和"9·11"事件一样多（接近 5000 人死亡），也没能建立起一个美军撤军后还能生存的伊拉克政府。若是征兵在伊拉克和阿富汗服役，公众和国会要求结束的战争的呼声将会是不可抗拒的。

即便从海外全部撤军，美国还会有在公海上巡游的 11 架航母和数百艘潜艇，有能抵达地球上任何一个国家的飞行器，还有能即时监控世界的间谍卫星。这种布局足以确认并挫败紧急的敌方袭击（相比于单个的犯罪行为），一旦敌方发动袭击，美国也能立即报复粉碎敌人。

美国应该承诺让所有的国家主权不受干扰，在其他国家的战争中保持中立。同时，它也应该威慑那些袭击或开始袭击美国人民的国家，袭击的后果是比广岛和长崎更加惨烈的毁灭。

国父们和美利坚共和国拥护的是"只保卫美国"。这种战略并不是绥靖。其前提不是对人性或来自外部的危险持有某种不切实际的幻想。它并不相信国家会愿意遵从《圣经》中的以赛亚书（詹姆斯国王钦定版）："他们要将刀打成犁头，把枪打成镰刀；这国不举刀攻击那国，他们也不再学习战事。"这种战略对人性做最坏的估计，并吸收国际关系中上千年来背信弃义的历史教训。

"只保卫美国"的国家安全战略能消除大部分袭击美国的动机。外国人不会再因美军占领时有辱尊严的举动、针对穆斯林的严刑逼供、侵犯国家主权、在抓捕恐怖分子嫌疑人时杀害无辜的平民而仇恨美国。

不过还有一种针对美国的意识形态战争的风险，即某个狂热的国家被美国的民主、世俗和非等级制的资历所激怒，或是害怕美国自由和法治的榜样会唤醒它的国民或臣民起义造反。但是在230多年的时间里没有任何一个国家因为这个理由袭击过美国。即便基地组织这一非国家行为体策划"9·11"事件（它也并未对美国主权构成危险），似乎也是因为美国军队的全球部署和西方文化试图入主沙特阿拉伯。国际恐怖主义犯罪的起因并不是对美国自由的意识形态上的反感。"9·11"的劫机者中近一半人都是无信仰者。升级的情报系统、防御力量、边境安保，外加致命的打击报复能力，这些无论如何都能阻止哪怕以意识形态为动机的对美战争了。

"只保卫美国"的战略对每一个国家都不会有威胁，也不会造成对美国的进攻。美国会发誓不对其他主权国家发起战争，就像盟军在日本的最高指挥官道格拉斯·麦克阿瑟将军强制规定的日本宪法第九条所言：

日本国民衷心谋求基于正义与秩序的国际和平，永远放弃以国权发动的战争，放弃以武力威胁或行使武力去解决国际争端……为达到前项目的，不保持陆海空军及其他战争力量，不承认国家的交战权。[21]

在解释和应用过程中，该条宪法并没有禁止威慑和报复外部袭击的自卫权。实际上，日本自卫队拥有 240000 人，日本国防部的年度预算也接近 500 亿美元。

自宪法第九条实行以来的 62 年里，日本从未受到过袭击的威胁。当然《日美安保条约》为日本提供了美国的核保护伞以及战争中美对日的防卫义务。但是，即使安保条约终止，日本强大的自卫队也使得它被进攻的可能性很小。

美国应该为所有的国家提供和平，无论其民主状况如何。如果一个社会本身的主权没有受到威胁，它不会冒亡国的风险。为躲避核毁灭的风险，苏联在 1962 年的古巴导弹危机中退缩了，当时美国的军事主导地位远不如今日。"二战"以来也没有国家对美国或其财产发起过军事袭击，当时美国的军力也远远弱于现在。

注　释

① John Yoo, "Memorandum for William J. Haynes II, General Counsel of the Department of Defense," 14 March 2003, http：//www. aclu. org/files/pdfs/safefree/yoo_ army _ torture_ memo. pdf（accessed on April 21, 2010）.

② "Executive Order—Ensuring Lawful interrogations," The White House, 22 January 2009, http：//www. whitehouse. gov/the _ press _ office/EnsuringLawfulInterroga-tions/（accessed 5 March 2010）.

③ James Madison，"Political Observation，"In*Letters and Other Writings of James Madison*，Vol. 2，Philadelphia：J. B. Lippincott & Co.，1865，Vol. IV，p. 491.

④ Alexander Hamilton，John Jay，and James Madison，*The Federalist Papers*，University of Virginia，1788，Section 8，Electronic Text Center，http：//etext. lib. virginia. edu/toc/modeng/public/HMJFedr. html（accessed on 29 January 2010）.

⑤ "Military Commissions Act of 2006，"*United States Department of Defense*，17 October 2006，http：//frwebgate. access. gpo. gov/cgi－bin/getdoc. cgi? dbname = 109_ cong _ public_ law&docid = f：publ366. 109. pdf（accessed 17 February 2010）.

⑥ David Keene，"Enemy Combatants—Maybe，"*The Hill*，5 October 2009，http：//thehill. com/opinion/columnists/david－keene/61689－enemy－combatants－maybe（accessed 5 March 2010）.

⑦ Boumediene v. Bush.

⑧ Christopher Drew，"Drones Are Weapons of Choices in Fighting Qaeda，"*New York Times*，16 March 2009，http：//www. nytimes. com/2009/03/17/business/17uav. html（accessed 17 February 2010）.

⑨ David Kilcullen & Andrew McDonald Exum，"Death from above，Outrage down below，"*New York Times*，16 May 2009，http：//www. nytimes. com/2009/05/17/opinion/17exum. html（accessed 17 February 2010）.

⑩ Philip B. Kurland and Ralph Lerner，eds. ，"James Madison to W. T. Barry，4 August 1822，"*The Founder's Constitution*（Chicago：University of Chicago Press，1987），http：//press pubs. uchicago. edu/founders/documents/v1ch18s35. html（accessed 5 March 2010）.

⑪ "Daily Compilation of Presidential Documents，2009 DCPD No. 200900359，"*United States Office of the Federal Register*，http：//www. gpoaccess. gov/presdocs/2009/DCPA－200900359. htm（accessed 17 February 2010）.

⑫ David Morgan，"Clinton Says U. S. Could 'Totally Obliterate' Iran，"*Reuters*，April 22，2008，http：//www. reuters. com/article/idUSN2224332720080422（accessed 5 March 2010）.

⑬ "Full Text of Obama's Nobel Peace Prize Speech," *MSNBC*, December 10, 2009, http：//www. msnbc. msn. com/id/34360743/ （accessed 5 March 2010）.

⑭ Alexander Hamilton, *The Federalist No. 69 : The Real Character of the Executive*, *Constitution. org*, March 14, 1788, http：//www. constitution. org/fed/federa69. htm （accessed on April 18, 2010）.

⑮ Barak Obama, "Remarks by the President in Address to the Nation on the Way Forward in Afghanistan and Pakistan," The White House, Office of the Press Secretary, December 1, 2009, http：//www. whitehouse. gov/the－press－office/remarks－president－address－nation－way－forward－afghanistan－and－pakistan （accessed February 17, 2010）.

⑯ John G. Nicolay & John Hay eds., "Letter to William H. Herndon, 15 February 1848," In *The Complete Works of Abraham Lincoln*, Vol. 2, New York：Francis D. Tandy Company, 1894.

⑰ Barak Obama, "Address to the Nation on theWay Forward in Afghanistan and Pakistan," Remarks, Eisenhower Hall Theatre, United States Military Academy at West Point, New York, December 1, 2009, http：//www. whitehouse. gov/the－press－office/remarks－president－address－nation－way－forward－afghanistan－and－pakistan （accessed 5 March 2010）.

⑱ "Full Text of Obama's Nobel Peace Prize Speech," *MSNBC*, December 10, 2009, http：//www. msnbc. msn. com/id/34360743/ （accessed 5 March 2010）.

⑲ David Cho, "A Skeptical Outsider Becomes Bush's 'Wartime General'," *Washington Post*, November 19, 2008, http：//www. washingtonpost. com/wp－dyn/content/article/2008/11/18/AR2008111803938. html （accessed 19 February 2010）.

⑳ 同上。

㉑ The Constitution of Japan, Chapter 2, Article 2, "The Renunciation of War," *The Solon Law Archive*, http：//www. solon. org/Constitution/Japan/English/english－Constitution. html （accessed April 18, 2010）.

第八章　对基辛格的再教育

前国务卿和国家安全顾问基辛格因其学术资历和在尼克松与福特两任总统时期就职的传奇经历而被人们普遍地视为国家安全事务上的福音书。他还被授予 1973 年的诺贝尔和平奖。但是对他所谓的智慧的推崇并不合适。他不过是美利坚帝国的孩子，支持帝国的所有正统观念和荒唐事。2009 年 2 月 26 日《华盛顿邮报》登载的他的专栏"对阿富汗的战略"就是绝佳的证明。后来又出现了一篇对该专栏的详细分析，证明它不过是一位十分老于世故且能言善辩的支持者对美利坚帝国一知半解、毫无连贯性的论证。

首先，该专栏的标题就有问题。基辛格并没有解释为什么美国需要一种对阿富汗的战争战略。他避而不谈保护美国主权和美国人民免于国际恐怖主义危险的非战争手段：增加国内防御力量；升级情报收集和分析能力；创造一种能威慑潜在袭击者的粉碎性打击能力；调遣特种部队缉捕或追杀基地组织成员。基辛格只是简单地将"阿富汗战争是国家安全的需要"作为一种信念。

美国一直以来根本没什么阿富汗政策，也没有任何不利影响。在 20 世纪 60 年代，美国没头没脑地为了与苏联争夺每个第三世界国家的支持和拥戴，曾断断续续在给阿富汗提供过一些经

济援助。查希尔（Zahir Shah）国王在 1973 年的一场不流血政变
中被穆罕默德·达乌德（Mohammed Daud Khan）亲王赶下王位。
1978 年后者又因国内人民民主党政变被废黜。这两件事都没有影
响到美国的安全、主权或财富。很有可能今天的美国人都没人记
得阿富汗历史上这两件事发生的日期。接着就到了不幸且失败的
苏联 1979 年入侵阿富汗的时代——这是一个巨大的错误，标志着
苏联帝国衰亡的开端。美国本来可以欢欣鼓舞迎接这次入侵，而
不是陷入疯狂的担忧，以为苏联已经准备好征服整个南亚甚至入
侵的脚步正在向美国靠近。即便美国当时没有提供任何军事或经
济援助，包括"毒刺"（Stinger）导弹，苏联也会在阿富汗被伊
斯兰暴动的民众打败。毁灭红军的并不是《查理·威尔逊（Char-
lie Wilson）的战争》①。

　　阿富汗从来就不是一个真正的国家。阿富汗人的忠诚归属于
本地，从未有过国家/民族忠诚。军阀统治着乡下。鸦片生产和
非法麻醉药贸易十分猖獗。阿富汗的人口种族十分破碎，包括塔
吉克人、哈扎拉人、普什图人、乌兹别克人、土库曼人、努里斯
坦人、艾马克人和俾路支人。法治、法律面前人人平等或政教分
离（像阿塔图尔克的土耳其那样）从未占据过社会主流。腐败无
处不在，阿富汗民众身上背负着高昂的苛捐杂税。异见只会引起
不悦或遭到镇压。伊斯兰教逊尼派占主导地位，他们对阿富汗的
解释就是女性要服从。女性无权受教育，还被强制穿戴黑袍黑
纱，以惩罚她们引起的男性无法控制的欲望。她们会因通奸罪被
乱石砸死。她们的法律权利只有男性的一半或更少。2009 年阿富
汗议会通过了一项由哈米德·卡尔扎伊总统签署的法律，规定妻
子有义务服从丈夫的性要求、需征得配偶同意方可外出。

基辛格相信美国在阿富汗的战争是战略必需，这种违反事实的信念与击败了大英帝国和苏联的阿富汗谬论完全一致。

阿富汗是一个自然资源稀缺的内陆国家，几个世纪以来都只是地缘战略中的一个小点儿。19 世纪英国的两场阿富汗战争都是为了阻挡俄国向印度南下的路径，而这不过是大英帝国为了让大众保持警醒人为捏造的恐惧。能显示俄国对挑战英属印度有兴趣的唯一证据就是 1801 年保罗一世派军远征印度和法俄联手进军印度的壮举，但是这次冒险行动最远只到了咸海，离开伯尔山口还有近 1000 米。这件事在伦敦引起了骚动，也造成了英国和俄国之间的战争恐慌。

1839 ~1842 年和 1878 ~1880 年的两次阿富汗战争的真正目的是向大英帝国的殖民地宣告，它绝对不会容忍类似的挑战英国权威或荣耀的作乱行为。对帝国权力最微弱的挑战都是无法容忍的。第一次阿富汗战争中英国被轻易地打败了，但是其帝国丝毫未受影响（战败当年，英国赢得了与中国的鸦片战争）。第二次阿富汗战争中英国混乱的胜利也同样与帝国无关。

苏联 1979 年的入侵并非为了国家安全，只是为了入侵而入侵。格雷戈里·费舍尔（Gregory Feiffer）在《大赌局——美国人眼中的苏联阿富汗战争》一书中写过一位苏联官员确信"并没有人真的下令要入侵阿富汗"。它是当时梦游中的苏联领导层迟钝和混乱的产物。突如其来的原因是想要惩罚阿富汗，因为它拒绝苏联扶植的傀儡政权，不愿成为苏联的附庸国。于是总统哈菲佐拉·阿明（Hazibullah Amin）被杀害，取而代之的是巴布拉克·卡尔迈勒（Babrack Kamal）。

苏联入侵之前，阿富汗从未与俄罗斯或苏联动武。它对苏联的疆域没有领土要求，并未给苏联的敌人提供军事基地，也没有重要的经济资源。它支持的伊斯兰教逊尼派也不会有传入无神论的苏联的威胁。苏联永久占领的阿富汗只会变成一个类似于车臣的烫手山芋，也会分散对抗美国的大量资源。

然而，苏联仍愚蠢地选择以40000人的军力入侵阿富汗。九年以后苏联损伤14500人蒙羞撤军之际，该数字最终上升到近118000人。入侵的苏联军队立马遇到了反抗。最顽强的反抗者是宗教极端分子——沙特阿拉伯、巴基斯坦和其他伊斯兰国家以及美国支持的圣战者。反抗力量的领袖中包括未来的美国敌人，例如奥萨姆·本·拉登和古尔布丁·希克马蒂亚尔（Gulbuddin Hikmatyar）。反抗力量中还孕育着塔利班的种子，苏联撤出以后他们开始控制阿富汗。像"毒刺"导弹这样的美国高端武器本来是用以驱逐苏联军队的，后来也落入塔利班或"基地"组织武装之手。苏联在阿富汗的经历已经表明想要征服那里的多种部落或少数族裔、建立一个强大合法的国家政府只是徒劳。美国支援的圣战者从盟友变为敌人，也应该教会了基辛格即使临时地支持一个怀有敌对政治哲学或野心的国家或非国家行为体的危险。如马克·吐温所观察的，人和狗的区别在于狗绝不会反咬喂养它的人。

基辛格错误地假定要阻止塔利班和"基地"组织重新控制阿富汗并发动第二个"9·11"事件，正在进行的阿富汗战争是必不可少的。他却无法汇集证据来支持这一假定。对塔利班和基地组织的战争正在制造更多新的敌人，因为在用无人机、高空轰炸等方式追杀真正的恐怖分子时，总是牺牲了许多无辜的平民。恐怖分子轻易地便融入当地的普通人中。阿富汗的其他领导人连同美国的傀儡总统哈米德都对平民伤亡提出过抗议。外国军事占领是对国家尊严的侮辱，还会引起仇恨。这些阿富汗战争的特点并未减少伊斯兰激进分子上演"9·11"续集的可能性，反而使之大大增加了。

基辛格忽略了一点，对来自于阿富汗的潜在危害，美国只要立即撤军并增强国内抵御"基地"组织的力量便可最好地保全自己。他忽略了联邦大陪审团已经对本拉登那样的"基地"组织成员提起联邦刑事诉控，可以采取秘密行动逮捕或杀害之，效仿以色列追杀1972年杀害了11位慕尼黑奥运会以色列代表的巴勒斯坦暗杀者。以色列国防军和摩萨德合作追踪已知的罪犯。迈克尔·伯利（Michael Burleigh）在《鲜血与愤怒》一书中引用了一位高级摩萨德特工的话说："若有情报信息、目标可以完成，一有机会我们就出击。我们只知道要制造一种威慑，迫使他们转为防御并不再计划对我们发动进攻性的袭击。"[②]在打击"基地"组织中，美国不像基辛格所想的那样面临着只能选择战争的霍布森选择。

行政机关的成员不会有无限制的暗杀权力，国会有权要求秘密发布的、基于某种可能原因的司法手令，才能相信目标已经杀害了或试图杀害某位美国公民，且逮捕人员为完成任务面临着过度的危险。国会有权过目这些秘密程序的记录，且一段时间以后这些记录也要向公众公开，当然要排除情报源和方法，因为这些资料公开立刻会对人身安全有直接威胁。

基辛格无法阐述出一条连贯的依赖阿富汗战争结果的美国国家安全利益。他宣扬称如果塔利班兴起，冲突会威胁到巴基斯坦、印度、俄罗斯、中国和印尼——但是美国不在此列："战争中的风险太高。塔利班在阿富汗的胜利将会给全球圣战者注入一剂强心剂——从巴基斯坦会面临圣战者掌权的风险、世界第三大穆斯林人口国印度的恐怖主义可能加剧。俄罗斯、中国和印尼也是伊斯兰圣战的对象，它们也会面临风险。"但是基辛格默默地将美国置于塔利班的危险区域之外。

他编造的塔利班对其他国家的威胁并不能令人信服。巴基斯坦还不如美国这般急切和忧虑着要打败塔利班，它反对在其境内打击塔利班或基地组织的美国跨境部队，回避在北瓦济里斯坦地区打击塔利班的大规模军事活动，对于奥巴马"迅速增加"3万多人的阿富汗驻军也并无兴趣。若塔利班在阿富汗的胜利会使巴基斯坦面临被圣战者颠覆的威胁，那它理应为增加驻军喝彩并邀请美国跨境作战。同样，若塔利班的胜利对俄罗斯而言是一个危险的信号，那俄罗斯就不会费力（尽管最后没能成功）把美国从位于吉尔吉斯斯坦玛纳斯的阿富汗空军补给基地驱逐出去，因为这样会绑住美国的手脚。

基辛格还说："迄今为止，美国一直在运用一种传统的反暴乱战术：建立一个中央政府，帮助它在整个国家树立权威，在此过程中构建一个现代官僚制的民主社会。"但若要相信这种战术能成功简直是天方夜谭。美国或其他任何国家都从未能凭空制造出一个民主稳定的国家。明智的国家一如智者，知其所不知。目前，人类还不能很好地理解国家建设的无穷复杂性，要在阿富汗取得成功无异于创造一个奇迹。南越本应让基辛格汲取教训：尽管花费巨大，投入了成千上万的兵力，基辛格还是没能在那里建立起一个合法的中央政府。他无法将中央政府的权威延伸到越共和北越人主导的乡村。他也没能建立起类似的现代廉洁官僚机构和民主管理。在这方面阿富汗与南越有何不同，基辛格并没有提供任何解释。

基辛格承认在阿富汗乌托邦式的反暴乱战术终将失效。他笨拙而无逻辑地说："那个国家太大，领土让人难以亲近，民族构成太多样，又有太多人拥有武器。从未有外来征服者成功占领过阿富汗。即使试图建立集中的阿富汗人统治也很少成功过，或是持续时间十分短暂。阿富汗人致力于独立而非某种单一或集中的政府，这似乎才是他们定义里的国家。"

明知在阿富汗建造集中政府无望，基辛格还是没能得出一个明显的结论，即美国应该立即撤军。令人费解的是他转而支持另一个乌托邦式的军事战略——赢得阿富汗人民的民心，为达到这一目的，他又喋喋不休了一段前后不连贯的废话：

> 战争实际上是阿富汗人民的民心之争已是老生常谈，但是在概念上它也是合理的。30 年的内战使得那里大部分人的生活水平持续恶化。其经济处于靠贩毒才能维系的边缘。那里也没有什么重大的民主传统，改革是一种道德需要。但是改革的时间尺度与反游击战的要求不同步。改革需要几十年，它应该作为获得安全的结果而发生，甚至伴随着获得安全的过程，但是它不可能成为安全的前提。

如果战争是关于赢得人心，那么基辛格为何要将改革置于胜利之车的守车而非车头？这种安排注定了要失败。一般而言，要想打败游击队，需得人民大众真正反对他们，由民众与政府或当局共享实时情报并拒绝给叛乱分子提供安全的避难所。但是民众支持的对象需是一个不那么腐败、尊重法治、拥有高效有力的警察队伍和国防部队的政府。卡尔扎伊的政府以腐败臭名昭著。大量的作假破坏了他的二次选举。法治不过是一个玩笑。鸦片产量节节攀升。警察和阿富汗国家部队都不去保护其人民免受塔利班或基地组织之害。平民死亡已成痼疾。教育、医院或公路这样的政府事业极其缺乏。卡尔扎伊的私人保镖是美国人而不是阿富汗人。

基辛格对如何提高阿富汗人的生活水平一无所知。他没有什么计划能让经济摆脱对鸦片或毒品走私的依赖，不知道怎么教诲人们民主的习惯，他没有实施改革或是明确改革究竟是什么的计划，也没有为大众争取安全的计划。他就像"二战"中的一位海军将领，坚持认为击退纳粹潜艇的方法只有煮沸整个海洋。

基辛格还说道："军事行动的展开不可避免地会与政治进步的步调不一致。但是很快我们就能保证我们目前分散而效率低下的援助行动与民众需要是一致且相关的。而对于地方和区域内的实体我们还应给予更多关注。"

然而像他本人此前承认的那样，没有人心支持的军队是无用的。让美国人为了一个不得人心的外国政府浴血奋战是十分残忍无情且无意义的。这也正是基辛格及其前任在越南的所作所为。早在南越政权获得政治上的合法性之前，美国已经如火如荼地开始了军队行动。结果，成千上万的美国士兵白白丧命了，而南越政权因缺乏民众支持最终还是被北越打败了。

基辛格建议让目前的经济或人道主义援助"与民众需求相一致"，取代效率低下和不连贯的情形，真是十分幼稚。没有政府会将效率低下和不连贯作为官方政策，这些问题的出现有其制度诱因，源自具体的政治态势。另外，基辛格从未明确区别过相关和不相关的民众需求。要运用盖洛普民意测验来辨别民众需求吗？要组织当地公民投票吗？还是要召集阿富汗大国民议会？基辛格也没有表明怎样使政府官僚机构与其使命保持一致。他任国务卿的时候管理着一个庞大的官僚机构，而他的回忆录也并没有证实国务院的官僚机构就十分一致。基辛格暗示自己知道如何组织并完善官僚机构，让人联想起莎士比亚笔下《亨利四世》第一部分中格伦道尔（Glendower）对豪斯伯（Hotspur）吹牛说："我能够召唤地心深处的幽魂。"豪斯伯答道："召唤谁不会？我也能，问题是它们肯来吗？"③

基辛格敦促更多地关注地方和区域内的实体，实则十分盲目，这就好比建议摇摇欲坠的神圣罗马帝国把权力下放。目前，阿富汗中央政府也只是勉强维持着政权，卡尔扎伊总统可谓是"喀布尔市市长"。阿富汗被分裂成数不清的部落或民族权力中心或飞地。若地方或区域内的官员有了更多的资源，那么由美国军队支撑着的中央政府就只是虚有其表。而事实表明，地方或区域内的实体并不适合打击塔利班或"基地"组织。他们往往会为了安全或钱财与"基地"组织合作。

基辛格建议称："军事战略应集中于阻止在圣战分子控制的地区出现一个有凝聚力的近邻。"这种建议毫无意义，就是在宣布："军事战略应集中于阻止塔利班或'基地'组织推翻现有政府，并将阿富汗国民军训练得所向披靡。"

他还错误地观察称："戴维·彼得雷乌斯（David Petraeus）将军说只要按他要求的数额增援兵力，他就能控制阿富汗10%的领地，用他的话说，那里是80%的军事威胁之源。在伊拉克成功过的'清剿、控制、建设'战略尤其适用于这一区域。"

然而历史已经证实，将军们往往过于乐观。以越南为例，当时总说更多的军队一定能保证胜利在望。1967年11月21日，威廉·威斯特摩兰（William Westmoreland）将军在美国国家记者俱乐部发表了一个重要演说，他宣布美国在越南胜利在即。当时《华盛顿邮报》的标题称《战争结束在望——威斯特摩兰》，让人联想起小布什总统关于伊拉克的"任务完成"宣言。但是人们并没有见到胜利的曙光。如果——和阿富汗一样——当局自身缺乏力量和民意支持的合法性，美国控制该地区也是徒劳。所有美国给伊朗国王的军事武器和支持都无力挽救他免于伊朗革命。即便彼得雷乌斯将军是对的，他的战略也只能暂时减少暴力，却无法建立起一个能自立的阿富汗政府。为避免塔利班或"基地"组织主导该地区，美国军队就永远陷在阿富汗不能撤离了。将军本人后来也承认在伊拉克并没有取得军事胜利，只是提供了一个政治解决方案。在伊拉克增兵前他在国会上作了大意如此的证明。将军还说增兵要有长久的效果还需要伊拉克政府找到政治合法性。

另外，在伊拉克的"清剿、控制、建设"战略远谈不上成功，因为它并未考虑到伊拉克政治制度的脆弱性。如果美军完全撤出，伊拉克政府能否完好无损地保留下来是不确定的。如果只是杀死敌人、控制土地就能赢得战争，那美国在越南早就赢了许多次了。1968年的春节攻势中，北越和越共遭遇重创。根据美国的数据，越共方面4959人死亡、1862人被俘，美军232人死亡、929人受伤，南越300人死亡、747人受伤。但是春季攻势还是北越的一场军事胜利，因为它让美国确信自己不可能赢得战争了。

在越的"战略村计划"（"清剿、控制、建设"战略）最后证明是巨大的失败。然而，其严重的缺陷并没能阻止基辛格为阿富汗提出同样的计划，出于在越南失败的同样原因，它注定还是要失败的。《五角大楼文件》的节选解释道：

战略村计划的内容比建设战略村本身更为宽泛。它包含循序渐进的阶段：首先在某一区域清剿叛乱分子并保护农村百姓，接着建立越南政府基础设施并提供一些服务，让农民支持他们的政府。简言之，战略村计划就是试图将新论证的反暴乱理论用于操作现实。其目的是政治上的，而实现手段却是军事、社会、心理、经济和政治途径的综合使用。④

1962 年早期出现的这一共识性问题在于主要的参与者持有不同的视角和期待。美国方面，军事参谋官们有一套偏好，直接影响计划的实施。他们想把越南武装力量（南越）变得更灵活机动、更锐意进取、更有组织地进攻越共。结果他们对那些可能有牵累的提议极其机警，生怕被束缚在"清剿"结束后的"控制"阶段，或是因民用事业分散太多军事资源。

美国的政治领导者（这里是泛指）应该说都最关心该计划的后一个阶段——南越政府开始提供服务、地方政府建立起来、经济开始起飞的阶段。对他们而言，军事"清剿"行动是令人不悦而昂贵的，但又是整个计划进入最关键和最重要阶段的必要前提。

这两个美国团体与南越当局的视角也十分不同。在美国看来，叛乱分子只是南越的敌人之一，而吴庭艳政府本身是另一个敌人。因此，美国认为除非南越政府自身改革，否则平定叛乱无法顺利进行。正是为了同时达到这些目的，美国同意与南越政府在反叛乱行动中保持"有限的伙伴关系"。战略村计划于是成了这次行动的操作符号。

吴庭艳总统果不其然也有不同的看法。他需要的是使美国致力于保护南越（及其政权）的同时不放弃自己的独立性。他知道没有美国他的国家就完蛋了；他担心如果他表现出唯美国马首是瞻或让某一个团体有了太多权力——尤其是胁迫的权力，那他的政府也会关门。于是战略村计划成了他的工具，他可以按自己的意愿来指导反叛乱的行动，同时又不用将自己的特权拱手让给美国，也不用把他的领导职责交给那些不安分的将军们。

可想而知，战略村计划最终崩溃了。

基辛格在 2009 年《华盛顿邮报》上的专栏中念叨："在这个国家的其他地方，我们的军事战略应该具有更强的流动性，抢先阻止恐怖主义壮大的聚居点出现。"但是任何脱离赢得原住民忠诚和热情的军事战略注定都要失败。基辛格根本不知道如何完成这一壮举，却推荐加强地方军事首领的力量，而这些人只会弱化中央政府，令阿富汗国民军士气受挫："（我们的军事战略）应该基于同地方首领的合作、同他们亟待美国军队训练的民兵协调——这种战略曾经在伊拉克逊尼派要塞安巴尔省表现得非常成功。"但是也正是阿富汗在反抗苏联时的碎片化导致了 1996 年塔利班的兴起。阿富汗的地方首领从未忠于过喀布尔。而且，美国不管什叶派主导的巴格达政府，兀自在安巴尔训练逊尼派的地方民兵，此举是深有远见抑或十分愚蠢还未可知。

基辛格自以为是地认为他的阿富汗战略"是合理的方法，不过奥巴马总统最近承诺增兵 17 000 人，这看起来可能还不够。"但是这个战略并不合情理，因为它缺乏具体的政治范围。基辛格对战争的恐怖还表现出令人震惊的冷漠。威廉·特库赛·谢尔曼（William Tecumseh Sherman）将军曾说过战争即地狱。基辛格却麻木不仁地愿意为了一个最多是"貌似合理的"的战略（意思是"看起来或显然合理的"）舍弃美国士兵的生命和身体。他评价奥巴马的计划时设定的标准要高于对其自己计划的评价标准。他蔑视增兵 17 000 人是"不大可能"成功的，而事实上却相反。此外，基辛格也没有解释为什么增兵人数太少。任何一位正直的总统都不会派出任务完成需要之外多余的军队，因为那意味着更多无意义的牺牲，

基辛格庄严地说教："最终，根本的问题不是战争要怎么进行，而是战争如何结束。"但是前者决定了后者。在越南，美国战争期间采取的战略和战术决定了最终的结果——北越彻底的胜利。如果与阿富汗战争相随的是本地的政治分化，民众厌恶政府的虚伪、腐败、无能和任人唯亲，以及对地方军阀的依赖，那战争的结果就是塔利班和基地组织在喀布尔弹冠相庆。

基辛格宣称："阿富汗几乎是一个典型的需要跨国解决方案才能建立起政治框架的国际问题。"若真是这样，那美国就不该向阿富汗派遣一兵一卒，除非基辛格认为所有有义务的国家都同意参与到解决方案中来。而且，基辛格也无法指出一件整个 20 世纪中国家问题跨国解决的成功案例，包括达尔富尔、索马里、波斯尼亚、科索沃和刚果（金）。他的解决方案就像相信能诱骗国家铸剑为犁、废弃战争一样荒谬。

这就是基辛格的跨国幻想："在阿富汗，只有当其主要邻国都同意对恐怖主义采取约束和反对的政策，（跨国解决方案）才能达成。但它们近来的行径与这样的期待大相径庭。历史应该教导了他们，处于主导地位的单边行动面临着其他外部行为体的对抗干涉，因而很可能失败。"基辛格忽略了历史告诉我们的是，国家都不会从历史中学习。尽管美国知道在某种程度上因为有大量来自苏联和中共的外部干预，北越会占优势，但是基辛格支持的美国在越行动并未中断。如果美国的战略是推测俄罗斯、印

度、巴基斯坦、伊朗和中国都会放弃追逐它们在阿富汗的短期利益而愿意成全美国，据此派军上战场简直太鲁莽——就像让轻骑兵冲锋一样。

俄罗斯不是盟友。美俄在很多问题上龃龉不断，如格鲁吉亚的南奥塞提和阿布哈兹问题，乌克兰的北约成员国身份问题，战略武器问题，人权问题，以及在波兰、捷克和罗马尼亚的反导弹系统问题。俄罗斯记得美国大量援助阿富汗圣战分子驱逐1979年的苏联入侵。它自然愿意以牙还牙。但是俄罗斯必须控制复仇的欲望。另外，若俄罗斯为塔利班和"基地"组织提供武器和资金杀害那里不断增多的美国军人，那么相比于俄罗斯给美国带来的伤害，激进伊斯兰的回流对俄罗斯的风险显然十分渺小（伊朗向俄罗斯保证在力所能及的范围内抵制伊斯兰激进主义，作为交换，俄罗斯要对伊朗的核计划采取宽容的态度）。俄罗斯绝对有动机将美国的后"9·11"时代对阿富汗的入侵变成第二次美国越南战争。

印度外交政策的首要心结是巴基斯坦，自1947年独立以来两国已交战三次。印度渴望借与阿富汗的紧密关系钳制巴基斯坦。2009年孟买的国际恐怖主义事件证实印度的利益是抵制阿富汗和巴基斯坦两国的塔利班和"基地"组织。在阿富汗所有的邻国中，印度的利益与美国在那里的利益最为一致。

巴基斯坦对阿富汗的领土要求——它从未甘心忍受英国划的"杜兰线"——使得它至少对经常性的塔利班或"基地"组织袭击引起的阿富汗动乱持幸灾乐祸的态度。这将便于巴基斯坦在阿富汗施加主导性的影响力，也便于它召集可能的穆斯林对印度就克什米尔地区发起圣战，削弱阿富汗保卫主权和边疆的能力。巴基斯坦巴不得可以支配一个衰朽的阿富汗，而这与美国的目标相悖。它甚至通过经济援助或其他方式试图抵消印度日益增长的势力。巴基斯坦与最近印度驻喀布尔大使馆的爆炸案有牵连。但是巴基斯坦也害怕塔利班或"基地"组织的激进伊斯兰会颠覆其自身半世俗的政权。因此，巴基斯坦为这两个恐怖主义组织提供的援助也是十分勉强的。巴基斯坦政府对美国用无人机杀害恐怖分子和平民的侵犯主权行为仍摇摆不定。它支持杀害激进伊斯兰敌人，但同时与巴基斯坦的民众一样，对于需要依靠西方的帮助感到羞愧。总之，一个卡尔扎伊总统当权的稳定阿富汗会是巴基斯坦的障碍。

伊朗是美国的主要敌人。两国就许多问题发生过冲突，包括核武器问题、犹太人大屠杀、以色列、黎巴嫩真主党、哈马斯、国家支持的恐怖主义、伊朗支持伊拉克反抗美国、美国就1953年推翻伊朗首相穆罕默德·摩萨台（Mohammed Mossaddeq）而扶植一位臭名远扬的国王向伊朗道歉。伊朗十分乐意让美国深陷阿富汗的泥沼。这并不需要伊朗大肆支持塔利班或"基地"组织，它只需要保证所有的竞争部落或派系都不能占优势，以此让阿富汗处于持续动乱。伊朗会强烈反对塔利班或"基地"组织独霸一方，因为伊朗什叶派对这两个激进逊尼派组织深恶痛绝。另外，生活在阿富汗中部讲波斯语的哈扎拉人属于什叶派，他们也会遭到塔利班或"基地"组织的迫害。因此在可预见的未来里，伊朗在阿富汗的目标就是没有获胜者的永久战争。

基辛格开心地以为阿富汗的邻国、阿富汗和美国之间的利益和行动会是一致的，这简直就是鬼火一般玄虚。若哪位总统相信这种合理性而派遣了美国士兵，他必将会犯过失杀人罪或更糟糕的罪行。

基辛格的幻想远不止如此：

> 为探讨这样一种愿景，美国应该建议成立一个由阿富汗邻国、印度及联合国安理会常任理事国组成的工作组。由工作组负责协助阿富汗重建和改革，为该国国际地位和反恐义务设立基本原则。美国单边的军事行动就能逐渐地与该工作组的外交努力相融合。随着彼得雷乌斯将军预想的战略取得成功，沿边界线政治解决的前景也会相应地变得明朗。

基辛格提出的工作组包括巴基斯坦、印度、塔吉克斯坦、土库曼斯坦、乌兹别克斯坦、中国、俄罗斯、美国、英国和法国。这中间许多国家在阿富汗重建和改革中存在利益冲突。例如，俄罗斯、塔吉克斯坦、土库曼斯坦和乌兹别克斯坦无意帮助阿富汗转变成一个充满活力的世俗民主社会。它们不想在家门口树立起民主的榜样，其中有些国家还是非世俗的。而美国的盟友也不会为美国在阿富汗的成功感到欣喜。工作组的提议根本不可行。

基辛格也意识到了工作组这个妙策不大可能实现。没有俄罗斯和巴基斯坦的善意、利他主义或高超的政治才能，它根本没有成功的可能："这样一种政策的前提是与俄罗斯和巴基斯坦的合作。俄罗斯方面，我们需要清楚界定优先事项，特别是尽我们所能在伙伴关系或敌对行为之间做出选择。"

基辛格不解释为什么俄罗斯会相信与美国合作能增进其国家利益。这种合作减轻了美国沉重的阿富汗包袱，使得美国得以重新集中军事资源对准俄罗斯。美国为阿富汗战争付出的代价令人震惊：美国士兵的牺牲，数千亿美元的国防开支，因难免误杀阿富汗平民、羞辱原住民和虐囚制造了新的敌人。基辛格故意暗示美国面临着与俄罗斯关系的二元选择：或敌或友。但是二者并不互相排斥。美俄在削减战略武器和反恐问题上可以找到共同点，但在伊朗核野心，美国占据伊拉克、南奥塞提或阿布哈兹和在波兰、捷克、罗马尼亚的反导弹系统等问题上继续对峙。至于在非阿富汗问题上美国可能对俄罗斯做出多大范围的让步以获取俄在阿富汗问题上的合作，基辛格并没有解释什么样的关联原则合适。

至于巴基斯坦，基辛格更无法自信地说出在阿富汗美巴会有更多军事协作的任何理由。然而巴基斯坦是他的阿富汗战略愿景的关键："巴基斯坦的行为至关重要。巴领导必须面对现实：持续容忍避难所的存在或仍然对此无能为力将进一步把这个国家拖入一个国际漩涡。"但是后半部分观察是错误的。前总统佩尔韦兹·穆沙拉夫（Pervez Musharraf）容忍了塔利班和"基地"组织，却因其军事独裁激怒了国内政治武装而被拉下马。他的下台并未使巴基斯坦处理激进伊斯兰的困境有所改变。现任总统阿里·扎尔达里（Ali Zadari）对塔利班和"基地"组织的据点采取了更具进攻性的军事行动。但是其政权的不稳定性来自于民众的反对，而不是一个国际漩涡。

基辛格的失误不止如此：

如果圣战分子在阿富汗占了优势，巴基斯坦绝对就是下一个目标——从靠近伊斯兰堡的斯瓦特山谷里和现有边境已经发生的事情便可观察到这一点。如果事情发展到这一步，受影响的国家都需要互相商量陷落或受到圣战分子威胁的巴基斯坦核武库该怎么办。与每一个牵涉阿富汗的国家一样，巴基斯坦必须要做出会在几十年内影响到其国际地位的决定。

但是塔利班或"基地"组织在阿富汗的胜利并不必然导致圣战分子针对巴基斯坦。的确巴基斯坦在"9·11"之前支持过当权的塔利班。而齐亚·阿尔·哈克（Zia al Haq）总统死后巴基斯坦变得更加世俗，之后圣战分子也并没有袭击巴基斯坦。

当然，圣战分子想要的是神权政治。贝娜齐尔·布托（Benazir Bhutto）在2008年的总统大选活动中遭暗杀。穆沙拉夫总统也曾经成为圣战分子的暗杀目标。他们在巴基斯坦邻近阿富汗的飞地里强行实施伊斯兰教法。然而，圣战者在阿富汗的胜利会减少他们对巴基斯坦的威胁。掌权以后，伊朗的毛拉们开始专心赚钱和美化腐败的艺术，并没有在其他地方开展革命。在"9·11"以前塔利班统治阿富汗的岁月里，它从未觊觎并入侵过巴基斯坦。

但是假设圣战者真的攻击了巴基斯坦。基辛格称受影响的国家需要商量巴基斯坦核武库该怎么办，他却从未定义过"受影响的国家"是什么。因为核武器牵连极广，一旦使用会导致核冬天或核报复，巴基斯坦的核武库如果落入圣战分子之手，世界上的每个国家都会受到影响。他们如何去互相商议？美国会去请教沙特吗？况且，巴基斯坦的核武库已经受到了圣战分子的威胁。他们试图打倒穆沙拉夫，对扎尔达里也同样持敌对态度。孟买恐怖主义袭击和对在巴基斯坦的斯里兰卡板球运动员的袭击都展示了圣战分子的力量。

不同于基辛格所说的，现在与阿富汗有牵连的国家并不需要做出会在几十年内影响到其国际地位的决定。假设美国拒绝正式承认阿富汗的新塔利班政府。这种疏远会如何影响三十年后美国在那里的地位？基辛格夸大了阿富汗对于打败世界恐怖主义和圣战分子的重要性，以此制造一种虚假的不祥之感或危机感，这样公众的注意力就会钉在他那浅薄而错误的专栏上了。

基辛格继续夸大道："其他国家，尤其是我们的北约盟友，也面临着类似的选择。"但是波罗的海三国并不担心阿富汗。其他那几十个国家亦如此。塔利班在 1996～2001 年统治着阿富汗。世界上绝大多数国家都没有受到影响。如果塔利班重新掌权为什么事情会变坏呢？基辛格说教道：

> 但是除了某些引人注目的特例之外，几乎在所有的北约国家，公众对军事行动的支持都是无关紧要的。当然，奥巴马在欧洲很受欢迎，这可能会改变那种态度——但是程度可能非常有限。总统必须要决定他能承受多久不可避免的分歧，并直面现实——分歧关系到北约未来和影响范围的根本问题。完善的沟通会使这个过程变得顺畅。然而，很有可能最后发现分歧并不是程序上的。那么我们或许可以下结论，北约增加对阿富汗重建的投入比仅限于发出警告这样边缘性的军事行动会更有效。但是如果北约如照单点菜一般变成了盟友，就会出现一个有利有弊的先例。那些以其冷漠或犹疑不决诱使美国撤军的国家不理解这样的前景，即撤军会变成一系列加速升级的危机的前奏。

北约成立于 1949 年，其形成是为了在冷战高潮时期对抗苏联。苏联有训练有素的红军、核武器、一流的科学家和能支持持久战的工业基础。北约的先占地区是欧洲。基辛格却从未质疑过为什么北约需要将其范围扩展至阿富汗。塔利班或巴基斯坦不是红军。北约国家都不担心会被任何一个恐怖组织侵犯主权（相比之下，有些国家倒担心俄罗斯会那样做）。北约为什么要派兵去阿富汗作战？美国又为什么要在乎北约是不是分崩离析了？它并不依靠任何一个北约成员国去保卫主权。

基辛格就像未受过正规教育一样轻视北约国家的公众反对军事介入阿富汗的意见。在战争与和平这种事上，民众的意见通常都比基辛格这样的专家的信念更有先见之明。美国公众早在政治家和学者之前意识到越战无法获胜、多米诺理论只是一个稻草人，他们还意识到如果战争目标是建立稳定、世俗、合法、民主的国家，那么伊拉克和阿富汗战争也是无法获胜的。

基辛格对北约在阿富汗问题上的不团结有一种世界末日般的焦虑，这也为外交政策的艺术带来新的含义。阿富汗在北约的国家安全地图上并不重要。北约不太可能就派兵问题而分裂，就像它不会因是否接纳格鲁吉亚或乌克兰而分裂一样。

基辛格匆忙给出了一个毫无意义的结论："奥巴马总统在周四晚上说他'不会允许恐怖分子在世界另一头的避难所里密谋针对美国人民。'他的内阁无论选择什么样的战略都需要持之以恒。三心二意地执行是不可能取得成功的。"基辛格完全接受奥巴马的声明，不曾怀疑过其准确性或是否明智。如果奥巴马说一不二，那么伊朗、巴基斯坦、也门、索马里、印度尼西亚、朝鲜、叙利亚、黎巴嫩和巴勒斯坦都得进入美国即将入侵的国家花名册，因为所有这些国家都为针对美国的恐怖分子提供避难所。另外，为什么美国要因为千里之外穷凶极恶的阴谋而惊慌到采取军事行动呢？它只要在美国人受到伤害之前就利用国内的防御手段挫败阴谋或用类似于广岛的核报复威慑一下阴谋者便可。想想美国是如何解决来自导弹的威胁的吧。它建立起反导弹防御系统，承诺会发起反击。美国不会摧毁像俄罗斯、朝鲜这些国家能到达美国但并未发射的导弹。美国以海上封锁隔离区应对 1962 年的古巴导弹危机，而没有闪电入侵并毁灭古巴。

基辛格的专栏展示了为美利坚帝国永久的全球战争正名所需的精神创造力。

注　释

① 《查理·威尔逊（Charlie Wilson）的战争》是一部历史传记片，讲述 20 世纪 80 年代初美国人查理·威尔逊支持阿富汗反苏组织，成功领导了一次大规模秘密军事行动。此处喻指美国帮助阿富汗反苏。——译者注。

② Aaron Klein, *Striking Back*：*The 1972 Munich Massacre and Israel's Deadly Response*, Random House, 2007, p. 141.

③ William Shakespeare, *The Complete Works of William Shakespeare*：*King Henry IV, Part I*, Boston：Gin, Heath & Co., 1881, p. 73.

④ The Pentagon Papers, Volume 2, Chapter 2, "The Strategic Hamlet Program", Boston：Beacon Press, 1971.

第九章　重建美利坚共和国

个人或公司的利益会使得人们否认那些威胁到他们的工作、利益或是暴露其职业的平凡性或毫无意义的事实真相。比如，一个为阿富汗或伊拉克战场建造军用运输机的公司就会反驳两场冲突都是选择的战争、并非必要的战争这一说法。

一位大学教授或政府官员接受的训练和职业生涯都依赖于美国要主动以武力、威胁或"胡萝卜加大棒"的手段将世界民主化的逻辑，你若对他说这一目标在宪法上是不正当的且无法实现，他一定充耳不闻。无数以供应反恐产品和服务而从反恐战争中获利的行业和职员永远都不会接受这样一个事实——恐怖主义危险根本达不到要动用战争的标准。他们也不会承认能够且理应运用的打败恐怖主义的方式是在联邦民事法庭严格执行刑法、辅以特种部队去追杀不能抓回来审判的恐怖分子。

政府官员往往离职去寻求私营部门收益更高的商业冒险，不断夸大恐怖主义的危险、保证长期的政府合同或增加合同以从中获取经济利益。

美利坚帝国数不清的经济寄生虫必会反对重建美利坚共和国。这绝大多数的人会畏缩，因为他们要维护自尊，他们认为自己是在保护国家免受圣战分子的伤害。

而美利坚共和国宣扬的是只保护美国人自由福祉的更完美的合众国，并不是那以军事力量或经济诱惑为手段寻求影响力和控制力的庞大全球帝国。这种观念对于当代美国人而言似乎挺新奇，而人性一贯不待见新奇的观念。

伽利略提出宇宙日心说代替历史悠久的地心说时，遭到了权力中心的抵制。相信伽利略的理论等于不相信《圣经》无谬论和教皇通谕——二者都是 17 世纪王权和神权的支柱。于是这位天文学家和哥白尼的理论都被教皇列入禁书名单。300 多年以后教皇约翰·保罗二世才为伽利略平反。

70 年来，美利坚帝国的正统观念一直在给人民和领导人灌输一种想法，即美国身负神圣的天意授予的使命，要将世界变得民主和自由，要将每一个可能的外部危险扼杀在摇篮中。这种灌输获得了巨大的成功，因为美利坚帝国的民众从武力控制他人中获得了精神的兴奋和满足感。这种心理动力也支撑着大英帝国，它能解释为什么不管是公开的帝国主义者本杰明·迪斯雷利（Benjamin Disraeli）还是所谓的帝国反对者威廉·格莱斯顿（William Gladstone）当首相，英国的军事计划始终如一且广受欢迎。要预测一国的国家安全政策，政治文化和正统观念比人格要重要得多。奥巴马效仿小布什并不是对 2008 年大选作了一个出人意料的欧亨利小说式结尾。

自古以来，西方文化——大不列颠和美国当然并不例外——都尊崇为了统治的统治。阿喀琉斯、赫克托、亚历山大大帝、兰斯洛特是那些激动人心的英雄人物的缩影，而内斯特、苏格拉底或亚里士多德则不是。人们对征服或粗暴力量的欣赏胜过理性、智慧、谦逊或自我约束。帝国是终极的权力战利品，但是其道德空虚也类似于超级碗的胜利。正因如此，美利坚帝国的鼓吹者对于他们造成的低劣现实会视而不见。

斯大林在 20 世纪 30 年代对布尔什维克同志的审判秀在这一点上极富教育意义。苏联独裁者控诉主要的共产党人物从事间谍活动、叛国或经济破坏活动。这些所谓的罪行很明显都是交织在一起的。但是这些坚定的共产主义者被告纷纷接受了可怕的命运，引咎辞职，因为他们不能接受他们沾满鲜血的革命努力孕育出了一个恶魔。季诺维也夫、加米涅夫、布哈林、托姆斯基和李可夫均"伏法认罪"。

同样，无数的政府官员和私营企业主将自己的事业致力于建设扩张美利坚帝国，如果让他们把自己的辛劳否定为不成熟的、违宪的或是不道德的，他们的精神会受到重创。

说服美国人民和政治领导人重建美利坚共和国、尊重宪章文件将会面临巨大的经济、政治、心理和道德阻力，但是美国早期的反奴运动也是一样。

谁肩负着重建共和国的责任再清楚不过。

在莎士比亚著作《裘力斯·恺撒》中，凯歇斯责备勃鲁托斯默许恺撒权力膨胀、甘为臣下：

"嘿，老兄，他像一个巨人似的跨越这狭隘的世界；

我们这些渺小的凡人一个个在他粗大的两腿下行走，四处张望着，

替自己寻找不光荣的坟墓。

人们有时可以支配他们自己的命运；

要是我们受制于人，亲爱的勃鲁托斯，那错处并不在我们的命运，而在我们自己。"①

这种对历史进程的个人责任感同样表现在爱德华·默罗（Edward Murrow）身上，在1954年3月9日（美国）哥伦比亚广播公司的电视节目《此刻请看》中，他分析麦卡锡主义的盛行称：

> 我们在国内抛弃了自由，何以在国外维护自由。来自威斯康星州的这位新科参议员的行为已经在我们的国外盟友间引起了惊恐和焦虑，对我们的敌人而言这是相当大的宽慰。这是谁的错？倒并不是他个人的错。他并没有制造恐惧的情形；他只是非常成功地利用了这种情形。凯歇斯说得对，"亲爱的勃鲁托斯，那错处并不在我们的命运，而在我们自己。"②

正如拉尔夫·沃尔多·爱默生（Ralph Waldo Emerson）所言："确切地说，没有历史，只有传记。"③

杜鲁门总统所言有虚，美国的责任并不止于椭圆形办公室，每一个选民的身上也肩负着责任，他们的声音和投票引导着国家的命运。美利坚共和国将战争与和平，正当法律程序，政教分离，堕胎，死刑，种族、民族、宗教和其他方面的少数群体的权利；经济自由和公司或社会福利的竞争等这些道德上十分痛苦的抉择责任强加于每一个公民肩头。他们不能责备总统、副总统、国会、最高法院或柏拉图式的监护人，回避自己的责任。作为一个奴仆或奴隶而活是没有意义的。这也是为什么《独立宣言》赋予了每一个征服对象或公民推翻压迫的统治者的责任。

只有人民要求或支持重建共和国，美利坚共和国才能从变质的帝国中得以重生。这种要求可能来自于民众自发的对帝国的不满情绪。但是普通百姓既缺乏明察帝国道德或政治颓废的胆识，也缺乏辨明共和国优越性的智慧。广大的多数人一直被盛行的正统观念蒙在鼓里。

这就使得新一代的政治领导者有了重建的工具，他们可以鼓舞美国人民拥抱自治政府、个人责任和拥护宪法的文字和精神所带来的喜悦、激动和挑战。国家的宪章文件为美利坚共和国的新生提供了蓝图。这两项工具之外，再颁布一个综合法令来保护和维护美国宪法——《2010 年宪法法案》。

总统应该为没有专门法令就发起战争，或为获得发动战争的授权有意就某一项事实欺骗国会或美国人民而受到刑事起诉或遭弹劾。

针对基地组织或塔利班这样的非国家行为体或恐怖主义这样的策略的战争应该禁止。国会尤其应该明确放弃目前针对国际恐怖主义的战争，指示总统将国际恐怖主义分子当作犯人来对待。

美国的款项都不应该用于执行任何防御条约的承诺，包括北约、美日防卫条约、韩国的防御条约和美韩防卫条约。

美国的款项都不应该用来支撑美国在联合国的任务。

美国的款项都不应该用来收集和分析未同参众两院情报委员会和宣誓保密的国会成员共享的外国情报。

应该修正《外国情报监听法案》，要求外国情报监听法庭发布单个的许可证而非集体的许可证，对于获取美国公民的信息设定合理的时间限制。

总统不应该将任何信息列为机密，除非依照某个特定的法令所详细规定的分类标准。不能向国会隐瞒任何机密信息。基于所谓一般化的总统保密性需求而向国会隐瞒信息的行政特权理应被禁止。任何行政机关的官员若拒绝在国会委员会面前宣誓诚实回答问题，或是援引行政特权拒绝出席国会委员会召开的会议，应该以蔑视或不回应国会为由处以每日 100 000 美元的罚款。

国家秘密特权应该由国会废除。就像 1980 年《涉密案件程序法案》下的刑事案件一样，也应该要求民事案件中的政府选择要么公开对公正判决不可获取的政府秘密，要么接受缺席裁决或特别不利的调查结果的现实。

应禁止总统未经指控和审判便将某些犯人当作敌方战斗人员关押起来。

军事特别法庭应该被废除。

非常规引渡应该被禁止。

不应基于秘密证据就指定某些个人或组织为恐怖分子。

美国的款项应用于执行总统附带了签署声明的法令。

美国的款项不应用于投资私人事业。

美国联邦储备委员会应该被废除。

总统应该被禁止以国会的委托管制温室气体排放。

国家安全信件即未经司法授权的行政传票应被废除。

总统应被禁止单方面进行有关国家安全的行政协议谈判。

国家安全顾问和白宫顾问应需要参议院的认可。

参众两院应以缺席状态下 2/3 的大多数同意禁止赤字性支出，联邦税收应该限制在国家收入的 10%。

美国人民应该坚持要求每一位参众两院或总统的候选人都支持重建美利坚共和国和宪法的立法理念，就像国父们所理解的那样。

那将会是美国最辉煌的时刻。

如果美国人民不作为，那么美利坚帝国必将轰然坍塌，他们也会随之灰飞烟灭。

注　释

① William Shakespeare, *The Complete Works of William Shakespeare*: *Julius Caesar*, Boston: Gin Heath & Co., 1881, Act I, Scene ii, In. pp. 141 – 147.

② Edward R. Murrow, "A Report on Senator Joseph R. McCarthy," See it Now, *CBS – TV*, March 9th, 1954, http: //www. lib. berkeley. edu/MRC/murrowmccarthy. html (accessed on April 22, 2010).

③ Ralph Waldo Emerson, "Essays: First Series, 1841," *UVA Library*, http: // etext. virginia. edu/etcbin/toccer – new2? id = EmeEssF. sgm&images = images/ modeng&data = /texts/english/modeng/parsed&tag = public&part = 1&division = div1 (accessed on April 22, 2010).

致　谢

感谢我的助手德里克·理查德森（Derek Scott Richardson）在我准备手稿时给予我的帮助。作为主要的编辑人员，他甚至在必要时加夜班、牺牲周末的休息时间，他更是为本书的章节标题、组织架构和封面设计提出了诸多建设性的意见，就像帕特洛克罗斯之于阿喀琉斯，德里克也是我忠诚的朋友。

我还要感谢卢瑟福研究院的玛丽·菲姆斯特（Mary Feamster）、徐胜喜（Seunghee Seo）和米甘·麦克格拉斯（Meaghan McGrath）为本书的注释部分所做的贡献。

图书在版编目（CIP）数据

衰败前的美利坚帝国/（美）布鲁斯·费恩
（Bruce Fein）著；牟舣译. --北京:社会科学文献出
版社,2018.6
（中美人文交流系列丛书）
书名原文：American Empire:Before the fall
ISBN 978 - 7 - 5201 - 2410 - 2

Ⅰ.①衰… Ⅱ.①布…②牟… Ⅲ.①美国对外政策
–研究 Ⅳ.①D871.20

中国版本图书馆 CIP 数据核字（2018）第 058367 号

· 中美人文交流系列丛书 ·

衰败前的美利坚帝国

著　　者／〔美〕布鲁斯·费恩
译　　者／牟　舣

出 版 人／谢寿光
项目统筹／任文武　李延玲
责任编辑／高振华

出　　版／社会科学文献出版社·区域发展出版中心（010)59367143
　　　　　　地址：北京市北三环中路甲 29 号院华龙大厦　邮编：100029
　　　　　　网址：www. ssap. com. cn
发　　行／市场营销中心（010）59367081　59367018
印　　装／三河市东方印刷有限公司

规　　格／开 本：787mm × 1092mm　1/16
　　　　　　印 张：12.75　字 数：148 千字
版　　次／2018 年 6 月第 1 版　2018 年 6 月第 1 次印刷
书　　号／ISBN 978 - 7 - 5201 - 2410 - 2
著作权合同
登 记 号／图字 01 - 2017 - 0583 号
定　　价／58.00 元